CHRISTINE ROBINSON MA PhD has taught Scots at the University of Edinburgh for many years. She lectures on Scots for the University of the Highlands and Islands Millennium Institute and is Director of Scottish Language Dictionaries (SLD). SLD is the organisation dedicated to the lexicography of Scots and Scottish English with stewardship of the *Scottish National Dictionary, A Dictionary of the Older Scottish Tongue* and the online *Dictionary of the Scots Language* www.dsl.ac.uk. In addition to lexicographical work, SLD has a lively outreach programme, supporting Scots in the community and in education.

Brought up in Perth, of Kincardineshire parents, and now living in West Lothian she has first hand knowledge of a range of Scots dialects and has carried out a number of dialect research projects. She also has an interest in Older Scots. She is a committee member of the Scots Language Society, a Trustee of The Scots Language Centre, Chair of the Association for Scottish Literary Studies Language Committee, a member of the Literature Forum and a regular attendee at the Parliamentary Cross Party Group on Scots.

D1579690

This Buik wis scrievit in celebration o the first ten years o Scottish Language Dictionaries (SLD).

SLD wis formed in 2002 and brocht thegither the staff o *A Dictionary of the Older Scottish Tongue* (DOST) and The Scottish National Dictionary Association. We inheritit awmaist a century o wark, 12 muckle volumes o DOST an 10 o the *Scottish National Dictionary*. Thir dictionars are online as the *Dictionar o the Scots Leid* at www.dsl.ac.uk. Noo SLD bigs on the thae braw foonds tae hain the record o spoken and written Scots fae aw the airts. We are unnertakkin the wechty darg o editin a saicont edition o the *Concise Scots Dictionary* and are ettlin tae improve the *Dictionar o the Scots Leid.*

Sen 2009 we hae been maistly fundit by the Scottish Government. We wad like tae thank them an aw oor memmers an generous supporters that help us tae tak tent tae the future o Scots lexicography.

Christine Robinson
Director, Scottish Language Dictionaries

Modren
Scots Grammar

by Christine Robinson
with illustrations by Bob Dewar

Luath Press Limited
EDINBURGH
www.luath.co.uk

First published 2012
Reprinted 2013

ISBN: 978-1-908373-39-7

The paper used in this book is recyclable. It is made
from low chlorine pulps produced in a low energy,
low emissions manner from renewable forests.

Printed and bound by
Bell & Bain Ltd., Glasgow

Typeset in 10.5 point Sabon by
3btype.com

Contents

Introductory notes

For awbodie

This buik is in Scots and aboot Scots, but whit is Scots? Whither ye speak Shetland Dialect, the Doric, Dundee, Glasgwegian, Borders Scots, Ulster Scots or onie ither variety, they are aw dialects o the same leid, descendit fae Northern Middle Inglis wi a fair skelp o Auld Norse, French, Latin and Gaelic, wi a guid bit o Dutch or Flemish as weel. For aw that we hae very different accents, which maks us spell differently, and for aw that we hae mony wirds that are weel kent in ae place an nae heard in anither, we aw speak the ae leid. We hae mair things in common than we hae keepin us apairt. Ane o thae things is grammar. There are wee differences in grammar fae place tae place in Scotland, but nae that mony. Sae this is a grammar buik for awbodie that speaks Scots.

There is nae wey that A can scrieve Scots in awbodie's dialect at aince. A hae tried tae avoid very local wirds or aff-pittin spellins and A howp that ye'll read it in yer ain accent onywey. If ye come across a wird ye dinnae ken, mind it's aye guid tae extend yer vocabulary. Maybe, if we aw stert tae read and write in Scots a bit mair, we will come tae a consensus aboot whit is the best wey tae spell in Scots and we'll aw hae a grand vocabulary. Then we can say we hae a standard Scots. Until that time, we jist hae tae keep an open mind, nae fash ower muckle ower spellin and enjoy lairnin fae ane anither. We micht hae mony dialects but ilkane is jist as guid Scots as the ither.

For lairners

Whit is grammar? It is whit we ken aboot the wey wirds are pit thegither. *The wee dug bit the muckle man* is no the same as *The wee man bit the muckle dug*. We ken that because o the order the wirds gaes in. *The laddie lowps that dyke* is different fae *The laddies lowpit thae dykes*. We ken fae the form o the wirds. That's grammar.

As explained abune, we dinnae aw speak the same wey (we dinna aa spikk e same wey). That is hoo in this buik ye will find a wheen o things in brackets. The brackets gie the maist likely options, but gin ye dinnae find yer ain wey o speakin there, dinnae let it pit ye aff. Discuss it wi yer cless and yer teacher.

Ye will find some examples that stert wi an asterisk *. That tells ye the example is something maist speakers wadnae be comfortable wi. It is an example o a thing that jist isnae yaised in ordinary speakin an scrievin.

Maist folk yaisin this buik will ken baith Scots an Inglis. By the time ye hae feenished the buik, ye will be able tae wirk oot whit wey they differ and whit wey they are alike and ye will be able tae talk aboot language and unnerstand whit wey it wirks.

For teachers

We hae ettelt tae cover as mony dialects as possible athoot makkin the buik ower complicatit. Jist acause a grammatical construction isnae in the buik disnae mean it is wrang.

This isnae intendit as a prescriptive grammar. It accords wi Curriculum for Excellence in that it ettles tae gie readers an unnerstandin o the wey language wirks and tae gie them the vocabulary tae think aboot an discuss Scots, Inglis an ither Modren Languages. It also ettles tae encourage discovery in language, suggestin areas whaur further exploration cuid be cairried oot. Mair importantly, it ettles tae gie readers confidence in their ain leid and tae help them see that whit differs fae Inglis isnae bad Inglis but a different leid in its ain richt. If they can distinguish tane fae tither, they will be better at baith. The relevance o this buik tae Studying Scotland lies in wirkin wi the leid itsel and in the better unnerstannin o Scottish Literature that familiarity wi the grammar can foster.

The buik deals wi grammar in a modren wey, wi modren terminology. It can be yaised progressively, muivin fae the basic pairts o speech tae mair complex grammatical structures. This will allou a naitral transition tae mair advanced grammar buiks sic as *Understanding Grammar in Scotland Today* by John Corbett and Christian Kay. The vocabulary yaised in this text is maistly in the *Essential Scots Dictionary*. The *Concise Scots Dictionary* will supply the remainder. The intention haes been tae mak the language accessible tae Scots speakers, makkin yiss o lexical items shared wi Inglis but at the same time extendin the lairners' Scots vocabulary.

Nouns

A noun is a namin wird. It tells ye the name o a thing,
a person or a place.

They can be **concrete nouns** (physical things that ye micht
see or touch, like *hoose, tree, sausage*) or **abstract nouns**
(things that are jist in yer mind, like *boredom, arithmetic,
fascination*).

Nouns can dae things and be things. Then we say they are
the **subject** o the sentence:

> *The **dug** is daft.*
> ***Sandy** swam.*
> ***Edinburgh** rocks.*

Nouns can hae things done till them. Then we say they are
the **object** o the sentence:

> *The dug cockit its **lugs**.*
> *Mary sings **opera**.*
> *Glasgae walcomes **tourists**.*

Exercise 1

Wale oot the nouns and say whether they are **subjects** or
objects:

> *Harry biggit a hoose.*
> *The hoose haed twa doors and echt windaes.*
> *The hoose fell doon.*
> *Maggie bocht a tent.*
> *She erectit the tent.*
> *The tent steyed up.*

Check yer answers on p.101

Singular and plural

Maist nouns are the names o things ye can coont:

> *ae* (*yin, yae, ane*) *neb*
> *twa* (*twae, twaw*) *een*
> *fower legs*
> *ten taes*

Gin we jist hae the ae thing, we yaise a **singular** noun. Gin we hae mair nor ane, we yaise a **plural** noun.

Whit wey dae we mak a singular noun intae a plural noun?

a. Maistlikes we add *–s* or *–es*.

> *pencil > pencils*
> *desk > desks*
> *chair > chairs*
> *match > matches*

Challenge: Whit wey dae we ken whether tae add *–s* or *–es*? *Horses, buses, rashes, walruses, stitches, crutches, riches, boxes, buzzes, fizzes.*
(clue: whit soonds comes at the end o the singular?)

Anither challenge: Whit happens wi singulars endin in *–y*? *ladies, airmies, spies, babbies, stories.*

b. Whiles we chynge the vowel soond:

> *fit* (*fuit*) *> feet*
> *guse > geese*

c. Jist noo an again we add *–en*.

> *ee > een,*

d. A puckle wirds dae mair nor ane o thae things. Whit happens wi thir anes?

> *shae > shin* (*sheen*)
> *ox > owsen*
> *child > children*

e. Whiles we dae naethin ava:

sheep > sheep
deer > deer

f. In Inglis, mony wirds endin in *–f* or *–fe* turn the *f* intae *v* afore addin *–es*. Ye can dae this in Scots tae, or mak it easy and jist add *–s*.

leafs, shelfs, loafs, wifes

Exercise 2

Gie the plural o

moose

hoof

gless

salmon

poppy

Check yer answers on p. 101

Gie the singular o

pokes

men

craws

teeth

gases

Check yer answers on p. 101.

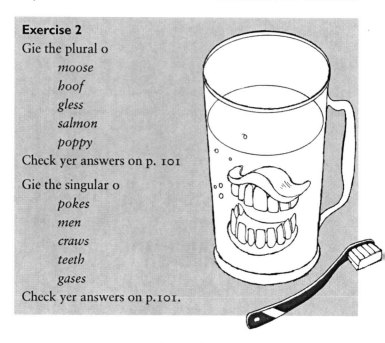

Possessives

Nouns can hae things o their ain. Whan we hae a **possessive** noun, we need tae add –*'s* or jist –*'*. Whit wey dae we ken whit tae dae?

Gin ye hae a singular noun, ayewis add –*'s*.

Gin ye hae a plural noun ye need tae ask yersel 'Daes the plural end in –*s*?'

Ay? Add –*'*: *the coos' tails, the teachers' tempers*.

Naw? Add –*'s*: *the men's breeks*.

Easy! A skoosh! But whit aboot sheep? Spot the difference atween *the sheep's heid* and *the sheeps' heids*.

Can ye wirk that ane oot for yersel? Is ane o them wrang? Wad it mak sense tae yaise it onywey?

Exercise 3

The cat haes whiskers: The cat's whiskers.
The cats hae whiskers: The cats' whiskers.

Dae the same for the phrases ablow:

The wifie haes a peenie:
The men hae bunnets:
The bairn haes breeks:
The salmon hae tails:
The troot haes twa een:

Check yer answers on p.101.

Coont nouns and mass nouns

We said that maist nouns can be coontit. We cry them **coont nouns**. Some nouns, like *information* or *pneumonia* cannae be coontit. Ye cannae say

*ae information, *twa informations, *three informations

or

*fower pneumonias.

Thir nouns that we cannae coont are cried **mass nouns**. We think about hoo much o them we hae, no hoo mony. They come in quantities, no nummers. We micht say:

a drappie soup

a wee tate sugar

much snaw

some rain

a pint o milk

Tak tent tae the wey thae nouns are yaised in a particular sentence. Gin ye order three teas, *tea* is a coont noun. Gin ye ask for mair tea, it is a mass noun.

Exercise 4

Sort oot the mass nouns fae the coont nouns.

I skelt ma soup ower the table. Aa the spuins on the table-cloth wis clartit wi draps o bree. Ma lugs wis burnin wi embarrassment an ma mither wis beelin wi rage, but the waiter wis affa guid. He got watter and a clout an wiped the mess up. Then he brocht me anither plate o broth.

Check yer answers on p.101.

Some mass nouns dae a strange thing in Scots. Ye micht hear auld people say, *Thae are braw soups* whan they mean *That is good soup*. Uncle Ebenezer tells David Balfour in Robert Louis Stevenson's *Kidnapped* 'They're fine, halesome food – they're grand food, parritch'.

Collective Nouns

Thir are nouns that include a hale wheen o folk, craiturs or things, like *committee, staff, flock*. Grammatically, collective nouns are singular but aftimes folk yaise them wi a plural verb. This gies ye the option o seein the collective noun either as a group or as a collection o individuals.

The committee wis unanimous emphasises their unity but *the committee were in disagreement* emphasises their separation. Whit is the difference atween

The congregation wis unusually lairge and *The congregation were unusually lairge*?

Proper Nouns

The names o particular people, places, months, days, festivals, buiks and siclike are cried proper nouns and they aye hae a capital letter: *Raymond, Stonehaven, Setterday, Diwali, Sunset Song*.

Verbs

Verbs is daein wirds.

We hae **main verbs** that gie ye maist o the sense but whiles they hae helper verbs alang wi them that tell ye a bit mair. Thir helpers are **auxiliary verbs**.

Dae ye like soor plooms? Like is the main verb; *dae* is the auxilliary verb.

She haes boakit ower the cat. Boakit is the main verb; *haes* is the auxiliary verb.

She maun apologise. Apologise is the main verb; *maun* is the auxiliary verb.

He is makkin white puddins. Makkin is the main verb; *is* is the auxilliary verb.

Number, person and tense

In ilka weel-wrocht sentence there is a **finite** verb. A finite verb **agrees** wi the subject (the ane that daes the verb) in **person** (first, saicont or third), and **nummer** (singular or plural) and the verb haes **tense** (past or praisent). Ye can see whit thae terms mean by luikin at the table ablow.

This is the praisent tense:

	Singular	Plural
1st person	*I lowp*	*we lowp*
2nt person	*ye lowp*	*ye lowp*
3rd person	*he, she, it lowps*	*they lowp*

Whit maks the third person singular different fae the first and saicont person singular? Thon wee *–s* tells ye it is third person singular. Whit maks the third person singular different fae the third person plural? It's thon wee hard-wirkin *–s* again. In some ither leids there are a lot mair different endins in the praisent tense, but no in Modren Scots.

In the table abuin, the subjects are aw **personal pronouns** (see p.43) richt neist tae the verb.

In some pairts o Scotland we hae anither rule gin the subject is a noun, or a personal pronoun that isna richt neist the verb. Then an –*s* is added wi the first and saicont persons singular and plural and the third person plural as weel. In that case, some folks wad say:

> *The dugs lowps the fence.*
> *The fairmers ploos the park.*
> *Ma twa grannies fechts ower the last scone.*
> *They wha comes tae the table wi clairty hauns gets nae tea.*
> *We wha aye daes wir hame sums gets guid merks.*

Nae awbody daes this, sae if it isnae pairt o yer ain speech, dinna fash aboot it. Jist mind that whan yer hear anither person say this or gin ye see it scrievit doon, it's nae wrang, it's Scots.

Ablow we hae the past tense. It is even easier!

	Singular	Plural
1st person	I lowpit	we lowpit
2nt person	ye lowpit	ye lowpit
3rd person	he, she it lowpit	they lowpit

Whit wey dae we mak a past tense in Scots?

1 Maist o the time we add *–it* or jist *–t*. (Aftimes, unner the influence o Inglis, we find *–ed* as weel.) This is cried a **waek past tense** as in *lowp/lowpit*.

2 Whiles we chynge the vowel. This is cried a **strang past tense** as in *rin/ran*.

3 Rarely we yaise a completely different verb as in *am/wis*.

Exercise 5

Are thir verbs past or praisent?

The wifie buys milk.
The man sellt a coo.
The burn rins doonhill.
The baw braks the windae.
The fish swam upstream.

Answers on p.101.

There are jist the twa tenses in Scots. Gin ye are askin 'Whit aboot the future tense?', there is nae future tense. Tense is a

wey o describin a grammatical ending and that is no quite
the same thing as expressin time.

Think aboot
I gae tae St Andrews.
That micht mean that ye mak a habit o it. Whaur dae ye gae
for yer holidays ilka year?
I gae tae St Andrews. (praisent tense)
Whit aboot
I gae tae St Andrews neist week.
It is still praisent tense, but we are referrin tae a future time.
We get the same thing wi
I am gaein tae St Andrews.
That micht mean I am on ma wey, in the process o gaein
richt noo, or I micht say
I am gaein tae St Andrews neist week. (praisent tense but
future time)

Some ither leids, like French an Latin, dae hae a future tense.
For example, in French *je porte* means I cairry, but *je
porterai* means I shall cairry. Ye can tell that fae the endin.
In Scots an Inglis, ye need tae wirk it oot fae the context.

Is this past or praisent?
I hae thocht aboot this.
It is praisent tense, but it refers tae an action cairriet oot in
the past.
The past tense o that sentence wad be
I haed thocht aboot this.
This aw becomes clearer aince we hae discussed anither term
applied tae verbs and this is **aspect.**

Aspect

A finite verb haes baith aspect and tense.

We hae the **simple aspect.**

> *ye walk* (praisent tense)
> *ye walkit* (past tense)

The **progressive aspect**

> *I am walkin* (praisent tense)
> *I was walkin* (past tense)

and the **perfect aspect**

> *ye hae walkit* (praisent tense)
> *ye haed walkit* (past tense)

Ye'll see that tae mak the progressive aspect, we yaise the verb *be* wi the **praisent participle** o the verb endin in *–in.*

Tae mak the perfect aspect, we yaise the verb *hae* wi the **past participle** o the verb. The past participle o waek verbs ends in *–it* but we need tae lairn the past participle o strang verbs. Whan we lairn verbs we need tae ken the **infinitive** (the verb jist as comes stracht oot o the dictionar), the **past tense** and the **past participle.**

infinitive (tae…)	past tense	past participle (hae…)
lowp	*lowpit*	*lowpit*
drive	*drave*	*driven*
rin	*ran*	*run*

There is a table o verbs on p.99. Can ye see whit anes are different fae Inglis?

Exercise 6

Say whether thir verbs are past or praisent in tense and progressive or perfect in aspect.

Example: *The rain haes peltit doon aw day.* Praisent tense. Perfect aspect.

Example: *He haed been readin his paper.* Past tense. Perfect aspect + progressive aspect.

The jannie wis drinkin his tea.
The auntie haed gien him a biscuit.
The bell is ringin.
We aw rin.
Jock haes been growin giant beans again.

Answers on p.101.

Sae, we hae three aspects and twa tenses. Maist folk will tell ye that ye yaise *shall* and *will* tae talk aboot the future – but we ken noo that there is mair tae it than that. We are ready tae luik at a puckle of rael interestin auxilliary verbs cried **modal verbs**.

LOWP

JUDGE

DYKE
LOWPIN
WORLD
RECORD

Modal verbs

The modal verbs are

will, wad, may, micht, can, cuid, shall, shuid, maun, yaised tae.

Will is the verb that maist speakers associate wi future time. Whan we are speakin, we reduce it tae –*'ll*.

Nae that lang ago, weel-educatit folk wad scrieve

A (I) shall (sal)	*we shall (sal)*
ye will	*ye will*
he, she, it will	*they will*

Hoosumivver, think aboot:

> *I'll dae that the morn.*
> *I cuid dae that the morn.*
> *I shuid dae that the morn.*
> *I maun dae that the morn.*

They aw refer tae future time, but ilkane means something a bit different. Can ye think o a sentence or twa that wad shaw the difference? For example;

I'm ower thrang tae dae ony mair the day, but I cuid dae that the morn.

Ye can dae a lot wi modal verbs.

They can express **degrees o certainty or doot:**

> *He micht hae scored a goal.*
> *He will hae scored a goal.*
> *He maun hae scored a goal.*

They can add **politeness**

> *I shuid be obliged gin ye wad pey yer accoont.*

They can express **obligation or permission:**

Ye maun redd up yer bedroom.
Ye can gang tae the picters.
Ye shuid bide at hame.
Ye micht gie me a haun insteid o jist sittin on yer dowp.
He asked if he micht tak me tae the fitba match.

In some pairts o Scotland, like Hawick and Edinburgh, folk
sometimes yaise twa modal verbs thegither:

> *I used tae cuid dae that.*
> *I'll no can come the morn.*

Modal verbs are a kind o auxiliary verb.

Active and Passive

Noo we hae luikit at person, nummer, tense and aspect. We
hae ae thing mair tae consider and that is **voice**. The voice o
a verb can be **active** or **passive**. Maist o the time, the subject
o a sentence 'daes' the verb tae the object o the sentence.

> *The dinosaur laid the egg.*

That is an active sentence. Gin we tak the object o that
sentence and mak it the subject we get

> *The egg wis laid by the dinosaur.*

Ye'll see that we need tae yaise the verb *be* as an auxiliary
verb and that is follaed by the past participle. The original
subject can be added as a propositional phrase wi *by*, but we
can leave it oot. This is yissfu whan yer are writin aboot
scientific experiments or onything else that ye want tae
report in an impersonal wey. Efter aw, ane o the important
things aboot an experiment is that it shuid be repeatable by
onybodie. Sae ye dinna write *A heatit the test-tube.* Ye write
The test tube wis heatit. Ye micht yaise the passive tae avoid
takkin the blame for something, or tae avoid pittin the blame
on someone else.

> *I lost ma mither's phone.*

becomes

> *My mither's phone wis lost.*

> *Ma big brither hid ma wee sister's socks.*

becomes

> *Ma wee sister's socks were hidden.*

When ye are turnin an active sentence intae a passive sentence, ye need tae keep the tense and aspect and include ony modal auxiliary verbs that are in the active voice.

> *The chef micht hae burnt the stovies.*

becomes

> *The stovies micht hae been burnt.*

Exercise 7

Turn thir active sentences intae passive sentences:

The teacher ignitit the magnesium.
The speuggie bombed ma faither's bunnet.
I cuidnae feenish ma essay on time.
Ma sister haes skartit oor neibour's car.
The shark micht hae swallaed the windsurfer.

Answers on p.102.

Adjectives

Adjectives describe nouns.

Adjectives come afore nouns and tells ye mair aboot them.

*the **fierce** midgie, the **cosy** socks, the **big, broon,**
freinly dug*

Whiles, they come efter verbs like *be, feel, get,
growe* and *become* and then they tell ye mair
aboot the subject o the sentence. If so,
they are **complements** o the verb; nouns
can also be complements (see p.70).

*The flooer wis **bonny**.*
*The fryin pan becomes **het**.*
*The lassie wis feelin **wabbit**.*

Comparison o Adjectives

Gin ye hae three tall freins ye micht say
Jock is tall. Eck is taller. Will is tallest.

Tall is **positive**.
Taller is **comparative**.
Tallest is **superlative**.

Maist wee adjectives mak their
comparatives by addin *–er* and
their superlatives by addin *–est*.

Whiles ye need tae double the lest letter o the positive
adjective afore addin the endin e.g. *fat fatter fattest*. Ye can
get a clue tae whether ye need tae dae this fae the
pronoonciation. Whit wey dae ye say fatter? Whit wey wad
ye say **fater*?

Whit dae ye think wad be the comparatives and superlatives
o:

> *lang, thin, braw, late, cool, auld, het, cauld, easy,*
> *bonnie, puir.*

Whit aboot *wee*? Ye wad expect tae get *wee, weeer weeest*,
but that looks gey daft, sae we merk aff the endin wi an
apostrophe tae gie *wee, wee'er, wee'est*. We try no tae yaise
ower mony apostrophes in Scots noo. At ae time they were
yaised a lot tae schaw whaur Inglis haes a soond or a spellin
that wisnae in Scots. We dinnae dae that ony mair.

Whit aboot *guid* and *bad*? They are irregular.

guid	*better*	*best*
bad	*waur*	*warst*

Langer adjectives mak their comparatives an superlatives by
addin *mair* and *maist*.

brilliant	*mair brilliant*	*maist brilliant*
generous	*mair generous*	*maist generous.*
waukrife	*mair waukrife*	*maist waukrife*

Exercise 8

Wale oot the adjectives in this story. Are ony o them
comparative or superlative?

There wis three brithers wha went awa tae wirk for a great
king. The twa aulder brithers were blithe tae gang awa fae
hame but the youngest ane wis sweir tae leave his auld, grey
mither and faither. His puir mither said 'Jock, whit wey dae
ye no tak ma guid wash-tub wi ye. It'll aye mind ye o hame

and, ye never ken, it micht be handy. I dinna need sic a big tub noo.' Jock pit the muckle washtub ower his wee shooder an stachered doon the stoorie road wi it. By the time he got tae the royal castle, his brithers had got the best jobs and there wisnae a fine job left for Jock but he persuaded them tae gie him a mingin job in the steamiest wash-hoose, seein he'd brocht his ain muckle tub. He warked hard and he did weel and awbody liked him fine, but his brithers were coorse and lazy and didnae mak freins.

Answers on p.102.

Challenge: Think aboot the difference atween

The gairdner growes flooers. The gairdner growes weary.

The dug gets a biscuit. The dug gets weet.

(For mair aboot this see p.70)

Similes

A simile is a wey o comparin twa things that are nae the same but hae something in common. *Ma hauns are like ice* tells ye ma hauns are affae, affae cauld. *He haed a bump on his heid like an egg* tells ye hoo muckle the bump wis. Whiles adjectives is yaised in similes. Ye micht say *his neb wis as shairp as a preen* or *the gymnast wis as gleg as a squirrel.* Lots o similes that link adjectives an nouns come in this pattren: *as...as...* Some hae been aroon a lang time sae a puckle o them micht seem a wee thing strange:

> *as broon as a berry* (that's whit fowk say, tho there's
>   no mony broon berries!)
> *as green as girse* (gress)
> *as cauld as ice*

as cauld as charity (whit wey micht charity be cauld?)
as clean as a whustle
as saft as butter
as saft as putty

Exercise 9

Can ye match up thir nouns tae their adjectives
hoose, rat, airm, bird, hills, daisy, snaw, gowd, moose

As fresh as a ...
As muckle as a ...
As weet as a drookit ...
As white as ...
As free as a ...
As wee as a ...
As lang as yer ...
As guid as ...
As auld as the ...

Answers on p.102.

Exercise 10

Dae ye ken onie o thir? If no, mak up some o yer ain:
As black as ...
As maukit as ...
As braw as ...
As het as ...
As hungry as ...
As silent as ...
As blind as ...
As daurk as ...
As happy as ...
As saft as ...

Answers on p.103.

Adverbs

Adverbs are richt thrang wirds. They tell ye hoo, whan and siclike (*blithely, easily, yearly, noo*). They hae a lot o jobs tae dae.

> 1. Maist o the time, they tell ye aboot the verb phrase (see p.63).

His faither cooks weel.
Weel is the adverb tellin ye aboot the verb *cooks*.

His faither cooks rice weel.
His faither cooks tatties badly.

The sentences cuid baith be true at the same time. *Weel* and *badly* are adverbs tellin ye no jist aboot *cooks* but aboot *cooks rice* and *cooks tatties*.

2. Whiles they tell ye aboot a hale sentence.
   Compare
   Whan I am eatin biscuits, ma dug watches me hopefully.
   and
   Hopefully, ma dug is gairdin ma hoose.

In the first sentence, *hopefully* is the adverb tellin ye aboot *watches me*.
In the saicont sentence, it tells ye the wey the speaker o the sentence feels aboot the hale statement. It pits the sentence intae context.

3. There is a special kind o adverb cried a **degree adverb** (or intensifier) and that tells ye aboot an adjective or anither adverb.
   Bonnie is an adjective but a flooer can be *verra bonnie, richt bonnie, affae bonnie.*
   Suin is an adverb and something micht happen *verra suin, richt suin, affae suin.*
   Three common degree adverbs in Scots are *affie, gey* and *fair. Fair* means 'completely and utterly'.

Exercise 11

Wale oot the adverbs in the text ablow. Are ony o them degree adverbs?

Jock's brithers wis fair jealous o him. The king saw seeven siller deuks dookin happily on the loch. Treacherously, the twa brithers said that Jock wad suin get the deuks for the king. They kent it micht be a gey wanchancy adventure. The king immediately sent for Jock. He said he wad certainly get the deuks for the king, if the king gied him a sack o corn. Then Jock paiddled carefully ower the loch in his wash tub and cunninly laid a trail o corn for the deuks tae lead them intae his wash tub. Then he paiddled swiftly back ower the loch. Whan he was hauf wey ower, up popped a trow and the trow said threateninly, 'Thae deuks is ma deuks. Will Ah see ye again?' and Jock replied, 'Ye micht, or ye micht no.' He went blithely on his wey and gied the siller deuks tae the king. The king wis fair pleased.

Answers on p.103.

Jyned up thinkin

Noo that ye ken a bit mair aboot whit nouns, verbs, adjectives an adverbs are, we need tae stap for a meenit an tak anither luik.

Ye micht say *pairty* is a noun – an ye wad be richt, maist o the time. Compare thir sentences:

> *Ma pairty wis the best pairty ever.*
> *Ma pairties are the the best pairties ever.*
> *We'll pairty aw weekend.*
> *She pairties aw weekend.*
> *I howp ye are in a pairty mood?*

The same wird can be mair than the ae part o speech.

Exercise 12

Gie the pairt o speech in thir sentences:

> *The **text** was very hard tae read.*
> *Send me a **text**.*
> *Ye aye **text** me whan ye are on the bus.*
>
> *He's chawed his nails doon tae the **quick**.*
> *Did ye hae a **quick** luik at the answers?*
> *Gin ye dinna rin **quick**, ye'll be left ahint.*
>
> *Gie yer denner a wee **warm** in the microwave.*
> *The fire will **warm** ye.*
> *Pit on yer **warm** bunnet.*

Answers on p.104.

Cuid ye dae that? Whit wey did ye ken? Whiles ye can tell fae the job that the wirds dae. Nouns are guid at being the subject or object.

Some verbs tak objects. Some verbs hae tense. Some verbs jyne up wi auxiliary verbs.

Whit happens is that we turn nouns intae verbs, verbs intae nouns, adjectives intae adverbs and siclike.

Prepositions

A preposition is a wee word that gangs afore a noun phrase tae mak a prepositional phrase. Prepositional phrases tell us aboot whaur things are, when they happent, hoo people feel, and siclike (in the caddy, on Tuesday, in a temper).

I keep mine in a kist:

Ablow the kist, abuin the kist, fornent the kist, unner the kist, aside the kist, anent the kist, tae the kist, for the kist, wi the kist, ahint the kist, afore the kist, efter the kist, o the kist, intill the kist, and mony mair.

Thae prepositional phrases are richt yissfae. They can tell ye aboot nouns or verbs.

Exercise 13

Wale oot the prepositional phrases and say if they are sayin mair aboot a noun or a verb.

> *The puddock in the bucket wisna happy.*
> *It lowpit intae the burn.*
> *It swam unner the watter.*
> *The heron wi the lang beak wis hidin in the seggs.*

Answers on p.105.

Whiles it's no sae easy tae tell. Whit aboot

> *The wifie wi the widden leg pokit the mannie wi the*
> *umbrella.*

Is this a mannie wi an umbrella that wis pokit by a wifie wi a widden leg or did the wifie yaise an umbrella tae poke the mannie?

Ye need tae tak tent in yer ain scrievin no tae write ambiguous sentences like thon.

Pronouns

Insteid o sayin

> *Jeannie likes Max.*

we can say

> *She likes him.*

Insteid o sayin

> **The muckle black cat wi the lang, lang tail** *ate some*
> **puir wee mice wi skinnie shanks**

we can say

> *It ate them.*

She, he, it and *them* are pronouns. Whit dae they replace?
It's no aye the noun alane. It is a hale **noun phrase** (see p.61)
that they stand in for. That micht mean jist ae wird, or a hale
wheen o wirds.

Personal pronouns

Personal pronouns hae nummer (singular and plural). They can be first, saicont or third **person**. (See p.19.)

A (*I*, *Eh*) is first person singular
ye (*you*) is saicont person singular
he, she, it (*hit*) are third person singular
we is first person plural
ye (*you*) is saicont person plural
they is third person plural

Thir anes are whit we yaise whan the noun phrase they replace is the subject o the sentence.

Whan the noun phrase is the object, we chynge them tae *me, ye* (*you*), *him, her, it, us* (*wis*), *ye* (*you*), *them.*

> *Can ye hear me? I can see ye. We hear them but they cannae hear us.*

We yaise thir efter prepositions an aw:
> *tae me, for you, wi us, athoot them, atween you an me, for them an us.*

Whan the noun phrase they staun in for is possessive, we yaise the possessive personal pronouns. Whan they come afore the noun they possess, they are:
ma (*my*), *yer* (*your*), *his, her, its, oor* (*wir*), *yer* (*your*), *their.*
Then they wirk as determiners (see p.54).

> *That's ma brither.*
> *He likes their sister.*
> *I'm tellin oor mither.*

Your an *oor* are yaised when ye are pittin a bit o stress on them.
> *That's oor rhinoceros. It's no your rhinoceros.*

Whan they come efter a verb we pit an *–s* on the end o some o them:

Thon buik is mine (mines).
Thon buik is yours.
Thon buik is his, hers, its.
Thon buik is oors.
Thon buik is yours.
Thon buik is theirs.

Exercise 14

Identify the subject and the object in the follaein sentences and replace them wi the appropriate personal pronoun:

The teacher haed ten new pencils.
Ma mither feeds ma wee brither.
Ma dad and I like tae visit ma granny.
Aw the teachers in the scuil danced an Orcadian Strip the Willow.
Ten polis arrestit the wee, bald, bairdie, auld man in a bunnet.

Answers on p.105.

It wisnae me!

A lot o folk gets affae confused aboot whan tae yaise *A* (*I, Eh*) and whan tae yaise *me*. Tae decide, ye need tae ask yersel three things:

> Is it the subject o the sentence? (Yaise *A* (*I, Eh*))
> Is the object o the sentence? (Yaise *me*)
> Daes it come efter a preposition? (Yaise *me*)

Atween you an me, this is nae difficult. Gin you an A wirk thegither on this, we'll suin get it richt. On the ither haun, gin awbody else keeps gettin it wrang, we micht hae tae say that the grammar haes chynged. Grammar isnae ayewis a maitter o richt an wrang. Ower the centuries wir grammar haes been gettin simpler aw the time. Gin we yaise *A* aw the time in sentences like thir, we wadnae hae tae think aboot subjects an objects an prepositions. Ye micht like tae listen tae whit folk say, especially on radio and television, and report back tae yer cless.

It wirks for the ither personal pronouns as weel.

Exercise 15

Pick the traditionally richt pronoun:
That's no a surprise tae (he/him) and (A/me).
Can Teenie an (A/me) gae bungee-lowpin?
The teacher aye praises (I/me) for guid grammar.
Ma mither aye blames Harry an (A/me) gin the cat gets oot.
Ma auntie an (she/her) went aff tae the Bahamas.
A asked ma teacher if ma faither an (she/her) could gang through this wi Tim an (A/me).

Answers on p.105.

Wha are we? *We* micht be first person + saicont person, you and me. It micht be me and anither person but no you; that is tae say first person + third person. Then again it micht be aw o us thegither. Tak tent whan ye're scrievin tae mak it clear wha ye mean.

Demonstrative pronouns

We yaise them tae replace a noun phrase as if we were pyntin at it.

Singular	plural	
this	*thir*	(near)
that	*thae*	(far)
thon (*yon*)	*thon* (*yon*)	(further)

I can reach this. Throw that ower tae me. Thon is aw ower an done wi.

Relative pronouns

These are *wha*, *wham*, *which* (*whilk*) and *that*. They can be yaised tae jyne sentences an avoid repeatin yersel. *Wha* and *wham* are yaised for people. *Which* is yaised for animals and things. *Whilk* can be yaised for baith but it is nae aften heard.

That can be yaised for baith.

The taxi *was waiting at the station. I had ordered* **the taxi** *earlier.*

The taxi *which I had ordered earlier was waiting at the station.*

or

The taxi *that I had ordered earlier was waiting at the station.*

I like **the wifie** *in the chip shop.* **The wifie** *in the chip shop gies me extra chips.*

I like **the wifie** *in the chip shop* **wha** *gies me extra chips.*

I haedna richt tichtened the wheel. The wheel fell aff.
I haedna richt tichtened **the wheel which** *fell aff.*

Sometimes ye can leave them oot.

The taxi I had ordered earlier was waiting at the station.
but no
* *I like the wifie in the chip shop gies me extra chips.*
* *I haedna richt tichtened the wheel fell aff.*

The pairt o the sentence introduced by the relative pronoun
is cried a **relative clause**.

Exercise 16

Jyne thir sentences wi a relative pronoun. The noun phrase
tae be replaced is in bold print tae help ye.

*Jamie annoyed the coo. **The coo** chased a fairmer.*
*The fairmer chased Jamie. The coo haed chased **the fairmer**.*
*Jamie fund a deid squirrel. He tuik **the squirrel** hame tae his
    cat.*
*Jamie wis taen aback by the reaction o the cat. **The cat** didna
    speak tae him for a week.*
*Jamie sprayed the cat tae kill the fleas. It got **the fleas** fae the
    squirrel.*
*Jamie buried the squirrel in the gairden. **The squirrel** haed
    begun tae smell.*
*Jamie haed a dug. **The dug** liked diggin.*

Challenge: Noo decide if ye cuid leave yer relative pronoun oot. Whiles the relative pronoun replaces the subject. Whiles it replaces the object. Can ye think whit the rule micht be for haein the option o leavin them oot? Ye might need tae mak up mair sentences wi relative pronouns tae test yer theory.

Answers on p.106.

Wha is a bit like *A, he, she, we* and *they*. It is yaised for the subject o a sentence. The relative pronoun *wham* that is like *me, him, her, us* and *them*. It wis yaised for the object and efter a preposition. Ye'll find it in Burns' poem:

> *Scots wha hae wi Wallace bled,*
> *Scots wham Bruce haes aftimes led,*
> *Welcome tae yer gory bed*
> *Or tae victory.*

It is gey auldfarrant noo and nae doot if Burns haed been scrievin this the day he wad hae yaised *wha* baith times. Aince ye micht hae written

> *Tae wham dae I send it?*

Ye can still dae that if ye like. It's nae wrang, but noo ye wad maist like write

> *Wha dae I sent it tae?*

This is jist anither example o the weys in which we are makkin oor grammar easier.

Reflexive Pronouns

These are yaised when the object o a sentence is the same person or thing as the subject.

I wash masel.
Ye dress yersel.
He postit the parcel tae hissel.

	Singular	**Plural**
First person	*masel*	*oorsels* (*wirsels*)
Saicont person	*yersel*	*yersels*
Third person	*hissel, hersel, itsel*	*theirsels*

Conjunctions

Conjunctions jynes wirds, phrases or sentences thegither.

Co-ordinatin conjunctions

Conjunctions that jyne similar pairts o speech, phrases (see p.61) and clauses (see p.66) o equal status are cried **co-ordinatin conjunctions**.

*The laddie **and** the lassie ate chips.*
*She wis tired **but** happy.*
*Dae ye want jam **or** cheese on yer piece?*
*I'm wantin nae greetin **nor** girnin fae ye.*
*We pit the cat fuid on the patio **and** a hedgehog cam **and** ate it.*

It is important tae ken whit yer co-ordinatin conjunction is jynin. Think aboot the sentence

> *Auld dugs an cats sleep aw day.*

Can ye see twa meanins? Is it auld dugs and auld cats or is it auld dugs and aw cats? Are we jyning dugs + cats or auld dugs + cats? We cuid get roon this by scrievin

> *Cats an auld dugs sleep aw day.*

or

> *Auld dugs and auld cats sleep aw day.*

It is better tae repeat yersel and be absolutely unambiguous.

Exercise 17

Whit is jyned by the co-ordinatin conjunction in the sentences ablow?

A haed fish an soggy chips for tea.
A haed stinkie cheese an breid for supper.
Gie me a wee bit o breid an butter but nae cheese.
The wee dug lauched an the coo jumped ower the muin.
We sell black an white strippit peppermint bools
We sell black an white puddin suppers

Answers on p.107.

Subordinatin conjunctions

Conjunctions that jyne **main clauses** tae **subordinate clauses** (see p.73) are cried **subordinatin conjunctions**. They allou us tae jyne sentences in sic a wey that ane o the sentences tells us mair aboot the ither.

We maun gae tae the shop. We are oot o breid.
We maun gae tae the shop because we are oot o breid.
We maun gae tae the shop whan we are oot o breid.
We maun gae tae the shop if we are oot o breid.

We maun gae tae the shop becomes the main clause. *Because* is a subordinatin conjunction introducin a subordinate clause. *We maun gae tae the shop* (main clause) *because we are oot o breid* (subordinate clause, tellin ye why ye maun gae tae the shop).

We maun gae tae the shop (main clause) *whan we are oot o breid* (subordinate clause, tellin ye whan ye maun gae tae the shop).

We maun gae tae the shop (main clause) *if we are oot o breid* (subordinate clause, settin oot the condition on which ye maun gae tae the shop).

Exercise 18

Spot the main clause, the conjunction and the subordinate clause in the follaein sentences:

I'll bring the washin in afore the rain sterts.
I'll bring the washin in (main clause) *afore the rain sterts* (subordinate clause) Conjunction: *afore.*

Ye'll dae yer hamewark afore ye get yer tea.
She'll no come unless she gets aff wark early.
While the kettle wis bilin, he set the table.
If the cat comes hame, it can hae fish for its denner.
The cat comes hame if it thinks it's gettin fish.

Answers on p.107.

Exercise 19

Jyne thir sentences yaisin ane o the conjunctions in the leet:
afore, acause, aince, efter, gin, till, whan, whaur, whether

Bide there. The bus comes.
The bus comes. Get on.
Mak shair ye hae the richt money. They dinnae gie ye chynge on the bus.

Ask the driver. Ye need tae get aff.
Text me. You are on the bus.
The bus disnae come. Phone yer mum.
Let me know. Ye are comin for yer tea.
Ye eat yer sweeties. Ye eat yer denner.

Answers on p.108.

Did ye pit ony commas in yer answers? Ye can pit a comma afore a subordinate clause if ye like. Maist folk dinnae, but ye wad say there is a wee difference atween

> *She'll no come unless she gets aff wark early.*

and

> *She'll no come, unless she can get off wark early.*

Maybe the first ane is a bit mair o a neutral statement and the saicont ane wi the comma has a bit mair contrast:

> *She'll no come* (despair), *unless she can get off wark*
> *early* (renewit hope).

Whan ye hae the subordinate clause afore the main clause, it is aye best tae pit in a comma. The normal order is tae pit the main clase first and then say mair aboot it in a subordinate clause but whyles we dae it tapsalteerie. Ye shuidna dae it athoot a guid reason tho. Whiles it helps tae keep things in the richt order o time tae help ye follae instructions:

> *Aince the pan it het, pit in the eggs.*

Maist o the time we dae it tae shaw whit pairt o the sentence is maist strang in wir mind.

> *A tuik ma umbrella acause it wis teemin doon.*

This sentence is aw aboot why A tuik ma umbrella.

> *Acause it wis teemin doon, A tuik ma umbrella.*

This sentence haes mair adae wi the weather.

Peyin attention tae thae wee details is whit maks a richt guid scriever.

It is easy tae mix up adverbs an conjunctions. A lot o folk yaise *hooivver* like it wis a conjunction. It's no. It is an adverb.

Determiners

Determiners are affae like adjectives in that they tell ye mair aboot a noun, but, as we'll see, they dae their ain special grammatical wirk. There is jist a puckle o them.

Whit wey is this sentence surprisin?

* *Dug chased cat.*

Whit cuid ye pit afore *dug* an afore *cat* tae mak it mair like whit ye wad say?

A is the **indefinite airticle**. *A cat* could just be ony cat. It's no a definite cat. *The* is the **definite airticle**. *The dug* is a definite dug. It's no jist ony dug. We ken whit ane we are speakin aboot.

Then we hae the **demonstratives**:

singular	plural
this	*thir* (for things that are near-haun)
that	*thae* (for things further awa)
thon (*yon*)	*thon* (*yon*) (for things een further awa)

This wee lamb is cooryin in tae me. Thae lambs is rinnin tae their mithers. Thon lambs is ower the hills and faur awa.

We culd yaise a **possessive pronoun**.
Ma dug chased your cat.

Numerals dae this job tae:
Ae dug chased twa cats.
For mair on numerals see p.100.

Indefinite quantities

Whit aboot *nae, some, ony*? They also tell us something specific aboot the noun.

It wad mak life a fell bit easier gin we haed ae name for aw the wirds that can dae this job in a sentence. We dae. They are cried **Determiners**.

Wi a mass noun, ye canna yaise the indefinite airticle *a*.
*A information is available on wir wabsteid.
Ye maun treat it the same wey as a plural whan ye miss the *a* oot. Wi aw the ither determiners, ye treat it like a singular: *this information, that information* etc.

Mind that determiners is no jist the same as adjectives.
*wee, black dug chased mangie ginger cat.
is still nae grammatical. Ye still need a determiner afore the adjective.
***Thon** wee, black dug chased **the** mangie ginger cat.*

Negatives

In Scots, twa negatives disna mak a positive. The mair
negative wirds ye yaise, the mair ye mean naw:

> *I said naething.*
> *I nivver said naething.*
> *I nivver said naething tae naebody.*

In Scots, *nivver* can refer tae jist the ae time:

> *I wis in ma bath whan the phone rang, sae I nivver*
> *answered it.*

Ye can mak a negative by addin *–nae* or *–na* till an auxilliary
verb:

Cannae, winnae, wadnae etc. or *canna, winna, wadna etc.*
Whether ye yaise *–nae* or *–na* is ane o the differences that
merks oot different Scots dialects. Yaise whichivver is yaised
in the pairt o Scotland that ye come fae.
Sae the negative o

> *We wad like tae gae fishin.*

is

> *We wadnae (wadna) like tae gae fishin.*

We hae tae think aboot whit wey tae mak a negative gin ye dinnae hae an auxiliary verb there awreaddies.

> *He fishes.*
> *He fished.*

There's nae auxiliary verb tae add the negative *–nae* or *–na* till. In that case we need tae yaise the auxiliary *dae*.

> *He disnae fish*
> *He didnae fish.*

It is correct in Scots tae say

> *He isnae weel*

or

> *He's no (nae) weel.*

Maist Scots wad prefer *He's no (nae) weel.*

Exercise 20

Turn thir negative sentences intae positive anes
He didnae eat his haggis.
He nivver ate nae sweeties.
She cuidnae score a goal.
They'll no be comin back.
That's no fair.
That isnae fair.

Turn thir positive sentences intae negative anes
They'll eat their carrots.
I pit the cat oot earlier the day.
We haed burnt wir sausages.
We cuid gang tae a ceilidh.
Ye can shove yer ither granny aff the bus.

Answers on p.108.

A pynt whaur Scots differs faer Inglis is in the wey some folk yaise *hae* tae mak negatives. Whiles *hae* is a richt eneuch auxiliary verb, yaised tae mak the perfect aspect (see p.24).

> *We hae lairned an affa lot aboot grammar.*
> *We haed kent monie Scots wirds.*

In thae sentences, the main verbs are *lairned* and *kent*; *hae* and *haed* are auxiliary verbs formin the perfect aspect. The verb *hae* can be a main verb in its ain richt.

> *I hae a sair heid.*
> *Ye haed a chance.*

Accordin tae the general rule, ye wad need tae yaise *dae* tae mak the negatives o this sentences:

> *I dinnnae hae a sair heid.*
> *Ye didnae hae a chance.*

In Inglis, they wad aye yaise *dae*, but aftimes ye'll hear Scots speakers say

> *I havenae a sair heid.*
> *Ye haednae a chance.*

Interrogatives

Gin ye want tae ask a question ye pit the subject and the auxilliary verb roon the ither wey.

> *A can ask a question.*
> *Can A ask a question?*

> *He wis on the bus.*
> *Wis he on the bus?*

Jist as we saw wi negatives, we need tae yaise *dae* if we dinnae hae an auxilliary verb there awreddies.

> *A fell on ma heid.*
> *Did A faw on ma heid?*

Again, as wi negatives, we can yaise the verb *hae* baith whan it is an auxilliary verb

> *He haes peyed his fare.*
> *Haes he peyed his fare?*

and whan it is a main verb

> *He haes a chance.*
> *Haes he a chance?*

As weel as inversion o subject and auxilliary, we hae speirin wirds like *wha, whit, whitna, whaur, whan, hoo.*

Interrogative Pronouns

Wha (whae, fa), whit (fit) and *whitna (fitna)* are interrogative pronouns.

Whit sometime occurs in the combination *Whit like..?* meaning 'Whit kind of?'

> Q *Whit like a mannie wis he?*
> A *An affa bad-tempered ane.*

It is also yaised as a freinly greetin or an enquiry efter someone's health.

> Q *Whit like?*
> A *Jist hingin by a threid.*

Q *Whit like?*
A *Nae bad.*
Q *Fit like?*
A *Chauvin awa.*

Whit for? is a common way of asking 'why' and *Whit for no?* asks 'why not?'

Whit for no did ye no know?

Interrogative Adjective

Whitna? (*Fitna?*) means 'whit kind of a'. It is aften yaised mair as an exclamation than a question.

Whitna game is thon?
Whitna day o rain we're haein!

Interrogative Adverbs

Hoo, whan, whaur and *why* are interrogative adverbs. The combination *whit wey* can be includit here as weel because it is yaised in jist the same wey as *hoo*. We dinnae yaise *why* very aften in Scots. *Hoo* and *whit wey* tend tae be yaised baith tae speir for a reason and tae speir aboot a wey o daein.

Q *Hoo (whit wey) did ye catch a bus?*
A *A stuid at the bus stap until ane cam alang. Then I held oot ma airm. It stappit and A got on.*
Q *Hoo (whit wey) did ye catch a bus?*
A *Because A missed the train.*

Makkin Phrases

Noo we hae the bricks, we can stert tae big a sentence. First we pit oor wirds thegither intae the pairts o a sentence caed phrases. We hae noun phrases, verb phrases, adjective phrases, adverb phrases and prepositional phrases. A phrase can consist o jist ae wird or it can be a muckle lang phrase wi mony wirds. In a phrase, there is a **heidwird** and an ye can hae ither wirds that tell ye mair aboot the heidword. Whiles thir ither wirds are optional an whiles they are obligatory. Ye shuid hae the feelin wi phrases that they hing thegither in a satisfyin wey.

The Noun Phrase

The **heidwird** o a noun phrase is the noun. It micht be jist a noun itsel, or it micht hae a determiner. If it's a single coont noun it maun hae a determiner. Efter that, adjectives are optional.

*Mary drinks **tea***

haes twa noun phrases baith wi ae wird. The twa nouns in this sentence are a bit special. Mary is a proper noun an canna hae a determiner.

*The Mary drinks tea.

Tea is a mass noun sae the determiner is optional:

*Mary likes **this tea**.*

Baith nouns can hae adjectives:

*** Wee Mary** likes **this het, strang, sweet tea.***

Ye can add a prepositional phrase efter the noun an aw.

*** Wee Mary wi the curly hair** likes **this het, strang, sweet tea.***

Dae ye mind whit a pronoun stauns in for? We can reduce that last sentence tae

*** She** likes **it**.*

We can think o a pronoun as a special kind o noun phrase.

The Verb Phrase

The heidword o a verb phrase is a verb. When we hae the simple aspect, it will be jist ae wird. When we hae auxiliary verbs we micht hae mair.

> Fish **swim**.
> Grumphies **micht flee**.
> The laddie **haed been dreamin**.
> The elephants **micht hae been jiggin**.

Mair aboot verb phrases on p.66.

The Adjective Phrase

The heidwird o an adjective phrase is an adjective. It can hae a degree adverb.

glaikit: *verra glaikit, affa glaikit, fair glaikit, gey glaikit, slightly glaikit.*

The adjective phrase then forms pairt o the noun phrase

> An **affa gleckit** dug walked intae a **slightly bent** lampost.

Or it can come efter a verb, as a complement (see p.70), tae tell ye aboot the subject:

> *The dug wis **gey sair.***

The Adverb Phrase

The heidword o an adverb phrase is an adverb. It can be jist the adverb itsel or it can hae a degree adverb.

glaikitly, verra glaikitly, affa glaikitly, fair glaikitly, gey glaikitly, slightly glaikitly

In adjective phrases like *very **slightly** glaikit* the adverb phrase is *very slightly*.

The Prepositional Phrase

The heidword o a prepositional phrase is a preposition. The preposition is ayewis follaed by a noun phrase. Aften they dae the same jobs as adverbs and tell ye mair aboot the verb phrase: *He gaed **yesterday*** (whaur yesterday is an adverb phrase) and *He gaed **on Tuesday*** (whaur *on Tuesday* is a prepositional phrase) can gie us the same information. At ither times they tell ye mair aboot a noun.

> *ower the dyke, doon the hill, alang the lang, stoorie road*

> *The cuddy lowped (v) **ower the dike,** galloped (v) **doon the hill** and trottit (v) awa **alang the lang, stoorie road.***

> *The cuddy (n) **ower the dike** (n) **doon the hill** belangs*
> *the folk (n) **alang the lang, stoorie road**.*

Ye micht like tae remind yersel o the exercises on p.40.

Exercise 21

The ravenous lion ate the vegetarian sausage roll.

Are the wirds ablow phrases IN THIS PARTICULAR SENTENCE?
The ravenous lion
ravenous
lion ate the
vegetarian sausage
ate the vegetarian
ate the vegetarian sausage roll

Answers on p.109.

Makkin Clauses

There are twa kinds o clauses: main clauses and subordinate clauses.

We'll stert wi main clauses. They hae a **subject** (a noun phrase) and a **verb**. Some verbs dinnae mak muckle sense alane and maun hae something efter them. That micht be an **object** or a **complement** (see ablow). Then they micht hae an **adverbial**, which is a bit o optional, extra information. The verb itsel is the hert o the clause. (In Latin, *verbum* means wird.) Ilka time ye hae a verb ye hae a clause. Sae, first we'll think aboot the the different kinds o verb and whit they need tae come efter them. Luik at the sentences in Exercise 22.

Exercise 22

Some o thae main clauses are complete an some arenae.

Can ye tell whit anes need something mair tae feenish them?

Pit a suitable endin on them.

I sent
We expect
They feel
The sun shines
The postie delivered
The scout hiked
Ma teacher telt

Answers on p.109.

Intransitive Verbs

There are some verbs that can stand alane. They are cried **intransitive verbs**.

They dinna tak an object. *We sunbathed* is a weel-wrocht sentence, but ye canna say ** We sunbathed the cat. Sunbathe* is an intransitive verb.

Transitive Verbs

There are ither verbs that need an object. They are cried **transitive verbs**.

> *The tiger devoured the pedestrian* is a weel-wrocht
> sentence.
>
> **The tiger devoured* isnae.

Whiles a verb can be transitive in ae sentence and intransitive in anither.

> *The vase broke.*
> *Ma brither broke the vase.*

Mind that if the object o a transitive verb is really the same as the subject, we yaise the reflexive.

> *Accordin tae ma brither, the vase broke itsel.*

Exercise 23

Which is transitive and which is intransitive?

The butter meltit.
The fire meltit the plastic.

The doo flew.
I flew a plane.

The three-leggit coo cowpit ower.
The coo cowpit the bucket o milk ower.

Answers on p.111.

Objects

Some verbs tak twa objects, a direct object and an indirect object. They are maistly verbs tae dae wi giein, gettin and sendin.

> *I sent Grannie* (indirect object) *a big bottle o ginger*
> (direct object).

Grannie sent me (indirect object) *a wee grammar buik*
(direct object).

I bocht ma mither (indirect object) *a rare DVD* (direct
object) *for Christmas.*

Ma dad postit a mysterious worm (direct object) *tae
the university* (indirect object).

The university postit it (direct object) *back till him*
(indirect object).

Ye'll see that the indirect object can be a noun phrase
(including a pronoun) or a prepositional phrase wi *tae, till*
or *for.*

A guid wey o decidin if ye hae an object is tae see if ye can
mak yer sentence passive. Ye'll mind that the wey tae mak a
sentence passive is tae tak the object an mak it intae the
subject. (See p. 28.)

The tiger devoured the pedestrian. > *The pedestrian
wis devoured (by the tiger).*

Ma brither broke the vase. > *The vase wis broken
(by ma brither).*

I sent Grannie a big bottle o ginger. > *A big bottle o
ginger wis sent tae ma grannie.* OR, *Ma grannie
wis sent a big bottle o ginger.*

Some indirect objects wi certain verbs are no jist sae keen tae
dae this. Can ye say

The University wis postit a mysterious worm by ma dad?
Maybe no. Grammar is no ayewis black an white, but maist
o the time the passive test wirks weel.

Noo let's try makkin a passive wi

The prince became a frog.
Ye dinnae even need tae think aboot it; there is just nae wey
ye can say

*A frog wis become by the prince.

MYSTERIOUS WORM

A *frog* is definitely not an object.

> *They electit Angela president o the rugby club.*
> *Angela wis electit president o the the rugby club.*

That is a weel-formed sentence sae Angela maun be an object in the original sentence..

> **President o the rugby club wis electit Angela.*

That is jist nonsense, sae *president o the rugby club* cannae be an object. Gin they arenae objects, whit can they be? They are **complements**.

An irregularity in Scots is the wey we yaise verbs like *want* and *need*. In Inglis, thir are ordinary transitive verbs that tak an object. They dae the same in Scots.

> *A need chocolate.*
> *The lizard wants a cricket.*

In Scots ye can say

> *Yer lizard wants feedin.*

Feedin looks like an object.

Hooivver, ye wad be much mair likely tae say

> *Yer lizard wants fed.*

Fed is a past participle and that cannae be an object. This maun be shortened fae

> *Yer lizard wants tae be fed.*

Tae wi the infinitive can act like a noun phrase and be a subject or an object:

> *Tae err is human.*

We like tae pass oor exams.

Complements

In exercise 21, maist folk wad say that *They feel* is nae complete. Whit did ye feenish it wi? *They feel very happy. They feel oot o their comfort zone. They feel a richt pair o eejits.* Ye might hae yaised an adjective phrase, a prepositional phrase or a noun phrase. They arenae objects, though. In fact they tell ye aboot the subject and are cried complements.

We can see that in the sentence
>   *The prince became a frog.*
The prince and the frog are the same. Wi hae a mair complicated situation wi
>   They electit Angela president o the rugby club.
Altho we dae hae an object (*Angela*), *president o the rugby club* is nae jist an optional extra like 'last week' or 'unanimously'. It is a gey important pairt o the completion o the verb and it is ane and the same wi Angela. Therefore, in this sentence we hae baith an object and a complement referrin tae the object.

Tae summarise, yer clause consists o a subject noun phrase, a verb and tae feenish it aff, gin it's needit:
>   an object

or
>   a direct and indirect object

or
>   a complement.

Nae aw grammar buiks agree completely in their terminology. In this buik, the term verb phrase is yaised tae mean no jist the verb but the verb and whitivver objects or complements are necessary tae mak sense o it.

Adverbials

No awthing that comes efter the verb is necessary. We can say
>   *The sun shines.*

or
>   *The sun shines brichtly.*

or
>   *The sun shone last week.*

Brichtly and *last week* arenae necessary. They are optional pieces o information. Adverbs, prepositional phrases and noun phrases can aw be yaised in this wey. Then they are cried **adverbials**.

Exercise 24

Tak anither luik at the answers and discussion tae exercise 22. Noo decide if the phrases that come efter the verbs in the sentences ablow are objects or complements or optional adverbials.

A walk here ilka day.
A walk ma dug here every day.
A train aardvarks.
A train roon the runnin track.
The lassie sewed and the laddie knitted.
The laddie knitted a semmit.
The laddie knitted a lang while.
The laddie knitted his sister a pair of socks.
She milked the coo wi the crumpelt horn.
She milked the coo wi the milkin machine

Answers on p.111.

Maist o the time, adverbials are telling ye aboot the verb phrase. Noo and again, they comment on a hale clause. Whit is the difference in the wey *hopefully* is yaised atween *Ma dug watches me hopefully whan I am cuttin up meat. Hopefully, ma dug will no let ony burglars in whan I'm oot.* In the first sentence, ye ken whit wey he is watchin me. In the saicont, I as the speaker, am the hopeful one, nae the dug.

Jynin Clauses

On p. 50 we luikit at co-ordinatin and subordinatin conjunctions and we saw that we can yaise them tae jyne twa clauses. A main clause actin as sentence by its lane is

cried a **simple sentence**. Gin we jyne clauses thegither yaisin
a co-ordinatin conjunction we hae a **compound sentence**.
That is a sentence wi twa or mair main clauses. Gin we jyne
clauses wi a subordinatin conjunctions we hae a **complex
sentence**. That is a sentence wi a main clause and ane or
mair subordinate clauses. It is even possible tae hae a
compound-complex sentence whan ye hae baith co-ordinatin
and subordinatin conjunctions like:

> *I went tae the post office afore it closed and I bocht
> some stamps.*

I went tae the post office afore it closed is a main clause and
verb o the main clause is *went*. There is an adverbial in there
as weel. The adverbial is a subordinate clause.
(*Afore* – subordinating conjunction) *it closed* is the
subordinate clause.
(*And* – co-ordinatin conjunction) *I bocht some stamps* is a
main clause.

Subordinate Clauses

We hae met subordinate clauses awreddies whan we were
luikin at subordinatin conjunctions (p.51) and relative
pronouns (p.46). Ye micht like tae tak anither luik at
exercises 18 and 19 on p.52 on subordinatin conjunctions,
and exercise 16 on p.47 on relative pronouns.

In sentences like
I hate that cat because it ate ma gerbil.
we hae twa subjects, twa finite verbs and twa objects. It is
easy tae split this sentence intae twa separate sentences:
I hate that cat. It ate ma gerbil.
Whan we jyne them thigither wi the subordinatin
conjunction, *because*, we can clearly see the twa clauses and,
in this case, the subordinate clause gies the reason for the
main clause.

Ye can jyne mair nor twa clauses:

I clappit the dug that follaed me hame, because it sat doon whan it wis telt.

Ye can see fower finite verbs. The three subordinate clauses here are ae relative clause introduced by the relative pronoun *that* (see p.46), ane that gies a reason and ane that gies a time. Noo luik carefully at the relationship o thae subordinate clauses tae the ither pairts o the sentence.

Challenge

Whit is the object noun phrase o the main clause?

Whit is the clause introduced by because?

Whit daes whan it wis telt *tell ye aboot?*

Whit is apparent fae this is that we can hae clauses within phrases. *That follaed me hame* describes *dug* and that, alang wi the determiner *the*, maks up the object noun phrase o the main clause (*the dug that follaed me hame*). The subordinate clause is biggit intae the noun phrase. Wi hae a muckle subordinate clause that rins fae *because* till the end o the sentence. *Whan it wis telt* tells ye aboot *sat doon*. It tae is biggit intae the subordinate clause whaur it is actin as an adverbial.

Direct and Indirect Speech

The teacher said 'Ma pet moose likes grapes'.

This is direct speech yaisin the speaker's ain wirds jist as they were said. We pit the speech in invertit commas.

The teacher said that her pet moose liked grapes.

This is indirect or reportit speech. Ye report whit the speaker haes said in yer ain wirds. There's nae invertit commas and there's ither differences as weel, because ye are a different person in a different place at a different time fae the speaker. The first person becomes the third person and the tense is pit in the past.

In the sentences

The teacher said naething.
The teacher said a poem.

Naething and *a poem* are baith objects.

That her pet moose liked grapes is warkin the same wey. It is bein an object. It is also a clause wi a verb o its ain.

'Can Mary come tae the concert wi me this weekend?'
She asked if Mary cuid gae tae the concert wi her that weekend.

The question merk tells that ye need a verb that haes tae dae wi a question like *ask, inquire* or *speir*. We need a conjunction tae introduce the subordinate clause, like *if, gin* or *whether*. The verb gaes intae the past tense. *Come* haes tae become *gae* or *gang*, because we are luikin at it fae oor pynt o view, no Mary's. First person *me* becomes third person *her*. *This* becomes *that*, because, by the time the speech is reported, the weekend Mary means micht be past. Wi *yes, no* and exclamations, ye micht need tae be a wee bit creative. *'Yes,' he said.* micht become *He agreed. 'Jings! Crivvens!' she exclaimed* micht become *She expressed surprise* or *She uttered an exclamation o surprise.*

Exercise 25

Pit thir sentences intae direct speech

He said the broon coo haed broken oot an eaten aw the neeps.

She speirt if the gate haed been richt fastened.

He telt her he haed chackit it that morning.

She contradictit him in nae uncertain terms and said that he had been watchin TV aw mornin.

Pit thir sentences intae indirect speech

He asked, 'Whit's the maitter wi ye?'

'Naething's the maitter wi me,' she replied. 'A wis tryin tae attract yer attention tae tell ye yer hubcap is shooglin'.

'Thanks, hen' he said.

Answers on p.112.

Common Errors and Guid Style

This section luiks a bit mair deeply intae common mistakes and asks a few difficult questions.

Hooivver

It is easy tae mix up adverbs an conjunctions. A lot o folk yaise *hooivver* like it wis a conjunction. It's no. It is usually an adverb. Sae it isnae very guid tae scrieve

*The coo gied milk, hooivver the bull gied chase.
Ye wad need tae write

The coo gied milk. Hooivver, the bull gied chase.
Whit are we contrastin here? Pittin *hooivver* at the stert o the saicont sentence maks the hale o ae sentence contrast wi tither.

The coo gies milk. The bull, hooivver, disnae.
In this case, by pittin *hooivver* efter *the bull*, we focus on the contrast atween *the bull* and *the coo*.

Whaur ye can yaise *hooivver* as a conjuction tae introduce a subordinate clause is in sentences like thir:

Hooivver ye calculate it, ye aye get the same answer.
Hooivver fast ye rin, ye'll no catch me.

Jist, only, anely

Only Dennis feenished his essay this mornin.
Dennis feenished his ain essay aw by hissel. Naebody helped him. Alternatively, only Dennis feenished. The rest are still wirkin on their essays.

Dennis only feenished his essay this mornin.
This ane is mair ambiguous. It depends on the wey ye say it. It micht be *Dennis only*. Naebody else. It micht be *only feenished his essay*. He didnae dae onything else. It micht be *only feenished his essay this mornin*. He was leavin it till the lest meenit.

Dennis feenished only his essay this mornin.

He didnae feenish onything else.

Dennis feenished his essay only this mornin.

Is this *his essay only*, nae his exercises or his readin, or daes it mean *only this mornin*?

If ye try thae sentences wi jist and *anely*, ye'll find they wirk in exactly the same wey. Ye need tae think carefully aboot the best place tae pit sic wirds and tak tent that the meanin is clear fae the context as weel.

Nae (no) jist ...but ...as weel (Nae only...but also...)

Nae (no) only ...but also ocht tae wark like twa bullet pynts, but careless folk mak jist the same mistakes as they dae wi bullets.

Whit is wrang wi this?

> * *We yaise bullet pynts tae*
> - *mak oot a clear list*
> - *tae help oot reader mind on the pynts*
> - *for makkin the page luik bonnie wi plenty blank space*

A better version wad be

> *We yaise bullet pynts*
> - *tae mak oot a clear list*
> - *tae help oot reader mind on the pynts*
> - *tae mak the page luik bonnie wi plenty blank space*

Here ye hae a repeatin grammatical structure and ilka bit rins on correctly fae the stertin pynt.

Whit is wrang wi thir?

> * *The bad lad wis gien nae only detention but also ordered tae screive a lang essay.*
> * *A knowledge o grammar is essential tae aid nae jist unnerstandin but achievin elegance in screivin as weel.*

Jist like wi the bullet pynts, we need tae mak siccar that ilka
bit follaes on fae the stert.

> *The bad lad wis gien...*   *detention*
> ** The bad lad wis gien...*   *ordered tae screive a lang*
>   *essay.*

Whan ye tak the sentence tae bits like this tae examine it, ye
can see why it winnae dae. We want baith bits tae stert wi
the same grammar. In this case, the best solution is probably
tae mak baith stert wi the past participle:

*The bad lad wis not only **gien** detention but also **ordered** tae*
scrieve a lang essay.

> ** A knowledge o grammar is essential tae aid*
> - *unnerstandin*
> - *achievin elegance in screivin as weel.*

They micht luik the same because they are baith verbal
nouns, but *unnerstaundin* is the object o *aid. Achievin* isnae.
Gin we rewrite the bullet pynts as

> ** A knowledge o grammar is essential*
> - *tae aid unnerstaundin*
> - *tae achieve elegance in screivin.*

we can see whit wey it didnae mak sense afore. Dae ye see
that the repetition o *tae* visually reinforces the bullet pynt as
weel as actin as a cue wird tae keep ye grammatically on
track? Whan we tak oot the bullet pynts tae pit this intae a
mair formal sentence we get:

> *A knowledge o grammar is essential*
> *nae jist tae aid unnerstaundin*
> *but tae achieve elegance in screivin as weel.*

The visual reinforcement o *tae... tae...* is still there.

Hingin Participles

> *Bein sunny, A tuik the dug for a rin.*
> *Walkin doon the street, the mercat cross can be seen a*
> *lang wey aff.*
> *Stolen fae the museum, I discovered the Roman coins*
> *unner a tree.*

Bein and *walkin* are praisent participles and *stolen* is a past
participle, in this case wi the passive voice. Aw three are
verbs and ilkane is luikin for its subject. Grammatically, that
is the first possible noun phrase it comes tae:

> *I am sunny.*
> *The mercat cross walks doon the street.*
> *I was stolen fae the museum.*

Mak shair that the first thing that comes efter the comma is
the real subject.

> *Because it wis sunny, I tuik the dug for a rin.*
> *Walkin doon the street, ye can see the mercat cross a*
> *lang wey aff.*
> *I discovered the Roman coins, stolen fae the museum,*
> *unner a tree.*

Whit gaes thegither bides thegither

As we hae seen, a lot o grammar is aboot the order that
wirds maun be arranged in tae mak phrases, tae mak bigger
phrases and tae mak sentences. Then the sentences thirsels
need tae come in the maist sensible order. Whiles we are no
jist as tentie aboot this as we ocht tae be. Oor minds tend jist
tae mak connections wi the neist or last bit o whit we hear
or read. We saw hoo wird order maitters wi *jist*, *only* and
anely and wi hingin participles. Here are mair examples o
common mistakes folk mak.

Exercise 26

Rewrite the sentences ablow tae mak their intendit sense clear.

I sellt the table tae the wifie wi the steel legs.

I've no heard fae you aboot the benefits A am due. I have sax weans. Can ye tell me why this is?

His hair needs cut badly.

Hoosehaulders in the affectit area maun bile their watter until Christmas.

Answers on p.112.

Punctuation

Punctuation wirks haun in haun wi grammar. It is there tae
help the reader an no jist for decoration. Whit follaes ablow
is a guide, but whiles ye need tae think aboot the message
that ye are tryin tae get ower and dae whitivver is best tae
mak yer meanin clear.

Commas

We yaise commas in lists:

>   *red, orange, yella, green, blae, indigo and violet.*

We dinna usually pit the comma afore the *and*.

Commas separate aff wirds, phrases an clauses sae that ye
can see the essential bits o a sentence an the optional extra
bits. Ye can think o them actin a wee bit like brackets.

*Meanwhile, in the kitchen, THE WICKED WITCH WAS, wi
muckle concentration, BILIN NEWTS' TAES.*

*(Meanwhile) (in the kitchen) THE WICKED WITCH WAS
(wi muckle concentration) BILIN NEWTS' TAES.*

Ye can see that the core o the sentence is *THE WICKED
WITCH WAS BILIN NEWTS' TAES* and we hae an
adverbial phrase and twa prepositional phrases eikit on.

There is a difference atween
The pupils wha did their hamewark passed the exam
and
The pupils, wha did their hamewark, passed the exam.

Whit anes passed the exam? In the first sentence, jist the anes
that did their hamewark. The ithers failed it. *The pupils-
wha-did-their-hamewark* aw hings thegither. In the saicont
sentence, they aw passed the exam and, as extra information,
I'm tellin ye they did their hamewark: *THE PUPILS (wha
did their hamewark) PASSED THE EXAM.*

Ye can see fae this that commas are important. They can chynge the hale meanin o a sentence.

Exercise 27

Explain the difference atween thir pairs o sentences:
The bicycles which were biggit on Friday fell apairt.
The bicycles, which were biggit on Friday, fell apairt.
Bairns wha brak windaes will be punished.
Bairns, wha brak windaes, will be punished.

Answers on p.113.

WHITE PUDDIN SUPPER

Brackets

They can occasionally be yaised insteid o commas. Mind they aye come in pairs.

Dashes

Try no tae be lazy by yaisin them tae tag wee efterthochts ontae the end o sentences. Noo an again, in a sentence that wad itherwise hae mony commas, ye can yais a pair o dashes. See the wey that brackets mak their contents luik less important but dashes foregrund their contents:

> *The centre hauf (jist a wee lass) made a great effort aw the wey throu the game, rinnin rings roon the opposin centre forward, and – weel intae injury time – skelpit the baw intae the goal tae win the match.*

Apostrophes

Whan ye are screivin Scots, ye dinnae need tae scatter them aw ower the place. Ye wad pit them in whan ye are shortenin wirds that ye wad scrieve oot in full in formal writin, like *A'm* (*A am*), *he's* (*he is*), *it's* (*it is*), *they're* (*they are*). There are a sma nummer o Scots words that are easier tae read wi an apostrophe, like *wee'est*. Ye hae the option o pittin an apostrophe in there an aw. The maist important place for yer apostrophes is in possessive nouns. See p.14.

Colons

Ye yaise them tae introduce lists, like the list o ingredients in a recipe. Jist for a wee chynge, ye can yaise them tae introduce bullet pynts or quotations.

> *The earliest appearance* o couthie *in the Dictionary of the Scots Language comes fae the Poems o Allan Ramsay* (1721): 'Heal be your Heart, gay couthy Carle, Lang may ye help to toom a Barrel'.

Semicolons

They are yissfu insteid o commas tae separate oot items in a
list whan the items consist o mair nor a couple o wirds and
micht need commas theirsels:

> *I bocht a black, grey, siller and red scarf for ma
> brither; a green, orange and blae hat for ma mither,
> wha, fortunately, is colour-blinnd; a sock for ma
> faither, wha haes jist the yin leg; and a plane ticket for
> masel.*

Noo and again, ye can yaise them tae mak a reader see that
twa grammatically separate sentences are unco closely linkit.
Maist o the time, ye wad yaise a conjunction tae dae this,
but noo an again, a semicolon is the verra dab. Whit daes
the semicolon mak ye think in the examples ablow?

> *I cuidna haun ma essay in; ma dug likes eatin jotters.*
> *A wis late for scuil this mornin; there wis roadwarks
> on the bypass.*
> *A'm no sclimmin thon tree; I micht faw an brak ma
> neck.*

Exclamation merks

Dinnae! Did ye get the feelin that A wis shoutin at ye there?
I wis, an that's nae a nice thing tae dae in yer scrievin. Maist
folk yaise far ower mony. Dinnae pit them in whan ye are
jist a bittie surprised. Keep them for real exclamations: *Jings!*
Crivvens! and for giein orders, especially in direct speech:
'*Lowp!*' *he shoutit.*

Hyphens

Dinnae get ower fashed aboot which wirds are hyphenated
and which arenae. Jist think whit maks unnderstaundin
easier for yer reader and be consistent aboot it. Hyphens are
guid for gettin rid o ambiguities:

Auld-time machines is machines fae the auld days. *Auld time-machines* micht be ancient Tardises.

Quotation merks

Ye can yaise '…' or "…". This is a maitter o taste. Gin ye hae a quotation within a quotation , ye can yaise '…"…"…' or "…'..'…". That is up tae yersel, but be consistent.

Fu staps

Dinnae forget tae pit them in at the end o ilka sentence. Dinnae yaise a comma whan ye need a fu stap.

Combinin punctuation

Gin ye hae brackets or quotation merks within a sentence, yer fu stap gaes at the end o aw.

> You shouldnae cry yer auntie 'scraggie, auld Aggie'.

Gin ye are quotin or bracketin a complete sentence, the fu stap bides wi its ain sentence.

> (This is the wey tae dae it.) 'Ne'er cast a clout till Mey is oot.'

Exercise 28

Punctuate: *The auld spanish gowd dealer bocht the tassie*

Lets pit oor weary sair backs tae the wa oor reid drippin nebs tae the grindstane and oor shouders tae the wheel

The gaist cried murder murder and rattelt his chains stammert the feart guest rushin oot o the blae chaumer in his nichtgoon

we tie megs reid ribbons tae the mears tails because they kick ither horses that get ower close whan we are oot for a ride

the ladies spuins were in the mens custard

the ladys knife wis in the waiters kist

the commas which caused the confusion were in the wrang place

the vocabulary which wis rich and varied made his wark a pleisure tae read

we speirt at the chicken why it crossed the road

did you hae a guid reason we asked

the chookie replied that hens an hedgehogs dinnae like human jokes aboot crossin gaits and said that we haed an eggsaggerated view o wir ain importance

Answers on p.114.

Makkin new wirds

Whaur dae wirds come fae? Whiles we borrae them fae ither leids and whiles we mak them up fae bits o wir ain leid.

Compoundin

Compounds are made oot o twa or mair wirds or **roots** pit thegither. (A root is a main buildin brick for wird biggin.) Sometimes the meanin is clear, but no ayewis. *Blackbird* is a compound noun. It is a special kind o black bird, sae the meanin is mair specific than its pairts. Ye'll hear tae that the stress shifts fae *bird* on tae *black*.

> **Challenge**
>
> Identify the pairts o the wirds ablow. Is the meanin the same as the separate wirds wad be? Is there a chynge o stress?
>
> *Greenhoose, hooseboat, blackheid, heid-banger, heid-bummer, tattie-bogle, tattie-scone*

Affixation

We can add **prefixes** and **suffixes** tae wirds or roots tae mak ither wirds. Prefixes gang afore the root tae gie a new meanin. Suffixes gang efter.

Prefixes

Pre- means in front. That is whaur ye fix them.

Mony Scots prefixes are shared wi Inglis (sic as *dis-, un-, in, be-, en-*) but some are only fund, or are mair commonly fund, in Scots:

a- (ablow, abune, afore, ahint)

for- (forfochen, forjeskit, forfauchelt). This is an intensifyin prefix meanin 'very'.

mis- (mischancie, misluck, misrestit). It cairries a sense o 'badly' or 'wrangly'.

wan- (wanchancie, wanshapen, wansonsie). Like *mis-*, it cairries a sense o 'badly' or 'wrangly'.

They are kittle things. Jist whan ye think ye ken whit they mean, ye find that there is mair nor ane meanin. If we tak *inappropriate, inconsistent* and *intolerable* we micht think that *in-* means 'not' and maist o the time it daes. In *inflammable*, though, is used o something that can burst **into** flames. It has the sense of 'in' or 'into' in *incomer, inside, intake* etc.

Generally, addin a prefix disnae chynge the pairt o speech.

An exception is *-en* as in *enrich*, *entrap*, *enslave* whare is maks an adjective or a noun intae a verb.

Suffixes

Suffixes are eikit on ahint.

-less (heidless, senseless)
-ly (wisely, easily, ably)

Ye'll see that sometimes there are wee chynges tae the spelling, like turnin a *y* intae *i* or missin oot an *e*, as in
easy + -ly > easily
or
able + -ly > ably

Suffixes are no aye the same in Scots as they are in Inglis. We hae some suffixes that Inglis disnae hae, like *–rife* as in *waukrife* (yaised o someone that bides awake) or *caldrife* (yaised o someone that feels the cauld). The **diminutive** suffixes *–ie* and is shared wi Inglis, but we yaise it mair.

Suffixes can gie ye a clue aboot pairts o speech because a guid hantle o them turn ae pairt o speech intae anither.

Challenge

See if ye can identify the suffix and state whit it daes in the follaein wirds:

Example:
alphabetise, prioritise, demonise
ALPHABET + -ISE = tae pit something in alphabetical order
PRIORITY + -ISE = tae pit things in order o priority
DEMON + -ISE = tae mak oot that someone is affae wicked
Therefore *-ise* turns a noun intae a verb

Exercise 29

Noo hae a shot at thir:
hoarseness, blackness, happiness, shortness, coldness
legless, clueless, helpless, hopeless
heroic, historic, iconic, idiotic
readable, drinkable, likeable, debatable
quickly, brichtly, glegly, cleanly, blithely
freinly, kindly, heivenly,

Answers on p.116.

The lest twa wee leets in that challenge micht
hae trippit ye up. Maist o the time,
-*ly* maks an adverb, but jist
noo and again we find it
on an adjective. Luikin
at suffixes maks ye
think aboot wirds an
meanins. Whit conclusions
did ye come tae aboot –*able*?
Maist o the time it turns an adverb intae
an adjective. Ye can read something that
is readable and drink something that is
drinkable. Whit aboot *comfortable*?
Whit daes it mean if ye are
answerable for yer actions?

Leet o suffixes

As ye can see, mony Scots suffixes are shared wi Inglis but
some are only fund, or are mair commonly fund, in Scots:

-*fu* (-ful) turns a noun intae an adjective (*fearfu, pridefu,
mensefu*).
-*ie* (-*y*) is a diminutive suffix yaised mair in Scots than in
Inglis. It is aften yaised when speakin tae bairns but that is

no the case in Scots. In the north east o Scotland it is
particularly common (*wifie, sweetie, mannie*).

-*ie* (-*y*) can also turn a noun intae an adjective (*smelly,
stoorie, skeelie*).

-*it* is the past tense and past participle endin o mony verbs.
Past participles can be yaised like adjectives (*chappit tatties*).

-*it* can also be eikit tae nouns tae gie adjectives (*crabbit,
maukit, lang-nebbit*).

-*like* is yaised mair nor in Inglis on nouns or adjectives tae
mak adjectives (*gentleman-like, daft-like, wicelike (wiselike)*).

-*lin* (-*lins*) can mak an adjective intae an adverb (*hidlin,
aiblins, newlins*).

-*ock* is a diminutive suffix (*bittock*). It can occur wi anither
diminutive suffix (*wifockie*).

-*rife* wi a verb or adjective maks an adjective (*waukrife,
cauldrife*).

Analysin wirds

Noo that ye hae an introduction tae the bits o wirds, we can
luik at some o the braw creations that hae increased Scots
vocabulary in recent years. Ye'll see mair suffixes here tae.

Bidie-in
BIDE (verb) + -IE (diminutive suffix) + IN (adverb) thegither
gie a noun.
A bidie-in (or live-in lover) daes indeed bide in.

Sitooterie
SIT (verb)+ OOT (adverb) + -ERY (-ERIE) (a noun-formin
suffix).
It is a place for sittin oot, maist like a conservatory or patio.

Doo-lichter (doo-lander)
DOO (noun) + LICHT (verb) + -ER (a suffix that turns a
verb intae a noun).

DOO (noun) + LAND (verb) + -ER (a suffix that turns a verb intae a noun).
This ane is no sae obvious. It is a place whaur doos micht alicht an it is yaised o a big flat cap.

Up till noo we hae been luikin at wirds made up o hale wirds an prefixes or suffixes athoot ony complications. Whiles the makkins o a wird are disguised a bit.

Think aboot *purity*, *sanity* and *vanity*.
PURE (adj) + -ITY (suffix) gies ye a noun. Hooivver, if ye tak the *–ity* suffix aff *sanity* an *vanity*, whit are ye left wi? Ye ken fine that *sane* and *vain* are the wirds ye want but the pronoonciation haes chynged.
VAIN (adj) + -ITY (suffix) gies the noun VANITY.
Noo dae the same for *sanity*.

We hae borraed that mony wirds fae French an Latin that een tho we micht no ken French an Latin wirsels, we can pick oot prefixes an suffixes in borraed wirds.

It is nae difficult tae see that *–al*, *-ity* are the suffixes, but whan we tak them aff, we are left wi *patern-* and *matern-*.

We borraed thae wirds, suffix and aw but we still ken whit
wey tae split them up tae gie us the root o the wird and the
suffix. It is yissfu tae ken some Latin roots tae help ye wirk
oot the meanin o wirds ye micht no hae seen afore:

Latin Root	Meanin	Example	Latin Root	Meanin	Example
aqua-	water	aquaduct	aquil-	eagle	aquiline
audi-	hear	auditorium	bov-	coo	bovine
bene-	guid	benefactor	can-	dug	canine
cogn-	ken	recognise	equ-	horse	equine
dent-	tuith	dentist	fel-	cat	feline
dict-	say	dictation	ov-	sheep	ovine
duct-	lead	viaduct			
mort-	death	mortal	uni-	ane	unilateral
omni-	aw	omnivore	duo-	twa	dual
port-	cairry	portable	cent-	hunner	centenarian
saur-	lizard	dinosaur	mille-	thoosan	millepede
sci-	ken	scientist			
test-	witness	testimony	pater(n)-,	faither	paternal,
urb-	city	urban	patr-		patricide
			mater(n)-	mither	maternity
			matr-		matricide
			frater(n)-	brither	fraternal,
			fratr-		fratricide

Leet o Noun Plurals

singular	plural	singular	plural	singular	plural
ee	een	coo	coos,	fit	feet
shae	shuin/		kye	tuith	teeth
	shin/sheen				
ox	owsen	cannon	cannon	moose	mice
		cod	cod	guise	geese
brither-in-	brithers-in-	deer	deer	man	men
law	law	fish	fish,		
faither-in-	faithers-in-		fishes		
law	law	grouse	grouse		
mither-in-	mithers-in-	salmon	salmon		
law	law	sheep	sheep		
sister-in-	sisters in-	troot	troot		
law	law				
passer-by	passers-by	penny	pennies,		
procurator	procurators		pence		
fiscal	fiscal	poppy	poppies		
hoof	hoofs				
roof	roofs				
leaf	leafs				
box	boxes				
gas	gases				
gless	glesses				

We saw on p.12 whit wey we mak plurals, maist of the time.
Whan we borrae fae ither leids sic as Latin or Greek, whiles
we yaise the Scots plural (*stadium* > *stadiums*) and whiles we
keep the plural fae the oreeginal leid (*bacterium* > *bacteria*).
Singulars like this wi *–um* mak a plural wi *–a*. Latin singular
nouns endin in *–us* like fungus can mak a plural endin in *–i*
fungi. Latin singular nouns endin in *-a* (*formula*) can mak a
plural endin in *–ae* (*formulae*). No mony folk ken their Latin

thir days and mair and mair Latin wirds are stertin tae mak
alternative plurals endin in –*s* (*formulas*). It is guid tae ken
the original Latin endins because it helps us tae unnerstaun
some o the things that hae happened sen folk stapped lairnin
Latin. *Medium* and *media* were aince singular and plural o
the same wird. Whit dae they mean nooadays? *Datum* and
data are anither pair that hae pairtit company.

Verb Leet

infinitive	past tense	past participle	praisent partiple
awe	awed/aucht	awed/aucht	awin
be	wis/was/wes	been	bein
bide	bade	bade	bidin
big	biggit	biggit	biggin
bind	band	bund	bindin
blaw	blew/blawed	blawn	blawin
brak	brak	brucken	brakkin
bring	brocht	brocht	bringin
buy	bocht	bocht	buyin
cleid	cled	cled	cleidin
clim/climb	clam/clamb	clum/clumb	climmin/climbin
creep	creepit	creepit	creepin
come	cam	come	comin
dae/dee	did	duin/done/deen	daein/deein
dee	deed/dee'd	deed/dee'd	deein
drive	drave	driven	drivin
faw/fa	fell	fawn/faan	fawin/faain
fecht	focht	focht	fechtin
find/find	fand	fund	findin/findin
gae	gaed	gaen/gaed	gaun/gaein
gang/ging			gangin/gingin
gie	gied	gien	giein
greet	grat	grat/grutten	greetin
hae	haed	haed	haein
haud	held	hauden	haudin
mak	made/makkit	made	makkin
pit	pit	pitten	pittin
sell	selt	selt	sellin
tak	tuik/taen	taen	takkin
tell	telt	telt	tellin
think	thocht	thocht	thinkin
tine	tint	tint	tinin

Nummers

Cardinal Nummers	Ordinal Nummers
ane (ae, een, yin, wan)	first
twa (twaw, twae)	saicont (secont)
three	third
fower	fowert (foort, fourth)
five (fev)	fift (fifth)
sax	saxt (saxth)
seeven	seevent (seeventh)
echt (aucht)	echt (aucht)
nine	nint (ninth)
ten	tenth
eleeven	eleevent (eleeventh)
twal	twalt (twalth)
thirteen	thirteent (thirteenth)
fowerteen	fowerteent (fowerteenth)
fifteen	fifteent (fifteenth)
saxteen	saxteent (saxteenth)
seeventeen	seeventeent (seeventeenth)
echteen (auchteen)	echteent (echteenth, auchteent, auchteenth)
nineteen	nineteent (nineteenth)
twintie	twintieth
thertie	thertieth
fowertie	fowertieth
fiftie	fiftieth
saxtie	saxtieth
seeventie	seeventieth
echtie (auchtie)	echtieth (auchtieth)
ninetie	ninetieth
a hunner (a hundert)	hunnert (hundert)
a thoosan	thoosanth

Answers and Discussion

Exercise 1
Harry (subject), hoose (object)
Hoose (subject), doors (object), windaes (object)
Hoose (subject)
Maggie (subject) tent (object)
Tent (object) *The subject o this sentence is a pronoun. They are described on p.42.*
Tent (subject)

Exercise 2
Mice, hoofs (hooves), glesses, salmon, poppies
Poke, man, craw, tuith (tooth), gas

Exercise 3
The wifie's peenie, the men's bunnets, the bairn's breeks, the salmon's tails, the troot's een
Salmon's is richt eneuch but salmons' micht help yer reader recognise a plural.

Exercise 4
I skelt ma **soup** (*mass*) ower the **table** (*count*). Aa the **spuins** (*count*) on the **table-cloth** (*count*) wis clartit wi **draps** (*count*) o **bree** (*mass*). Ma **lugs** (*count*) wis burnin wi **embarrassment** (*mass*) an ma **mither** (*count*) wis beelin wi **rage** (*mass*), but the **waiter** (*count*) wis affa guid. He got **watter** (*mass*) and a **clout** (*count*) an wiped the **mess** (*count*) up. Then he brocht me anither **plate** (*count*) o **broth** (*mass*).

Exercise 5
buys (*praisent*), sellt (*past*) rins (*praisent*), braks (*praisent*), swam (*past*)

Exercise 6
The jannie wis drinkin his tea. *Past tense. Progressive aspect.*
The auntie haed gien him a biscuit. *Past tense. Perfect aspect.*
The bell is ringin. *Praisent tense. Progressive aspect.*

We aw rin. *Praisent tense. Simple aspect.*
Jock haes been growin giant beans again. *Praisent tense.*
Perfect aspect + progressive aspect.

Exercise 7
The magnesium wis ignitit.
Ma faither's bunnet wis bombed
Ma essay cuidnae be feenished on time.
Oor neibour's car haes been scartit. *Whan ye hae the perfect*
aspect in the active voice, ye need tae keep it in the passive
voice as weel.
The windsurfer micht hae been swallaed.
Wi aw thae sentences, ye can say wha did it (by the teacher
etc.) *but that isnae necessary tae the grammar.*

Exercise 8
There wis three brithers wha went awa tae wark for a **great**
king. The twa **aulder** (*comparative*) brithers were **blithe** tae
gang awa fae hame but the **youngest** (*superlative*) ane wis
sweir tae leave his **auld, grey** mither and faither. His **puir**
mither said 'Jock, whit wey dae ye no tak ma **guid** wash-tub
wi ye. It'll aye mind ye o hame and, ye never ken, it micht be
handy. I dinna need sic a **big** tub noo.' Jock pit the **muckle**
washtub ower his **wee** shooder an stachered doon the **stoorie**
road wi it. By the time he got tae the **royal** castle, his brithers
had got the **best** (*superlative*) jobs and there wisnae a **fine**
job left for Jock but he persuaded them tae gie him a **mingin**
job in the **steamiest** (*superlative*) wash-hoose, seein he'd
brocht his **ain muckle** tub. He warked hard and he did weel
and awbody liked him fine, but his brithers were **coorse** and
lazy and didnae mak freins.

Exercise 9
As fresh as a daisy
As muckle as a hoose
As weet as a drookit rat

As white as snaw
As free as a bird (*some folk say* as free as air)
As wee as a moose
As lang as yer airm
As guid as gowd
As auld as the hills (*some folk say* as auld as Methuselah)

Exercise 10

As black as coal or suit (seet, sit)
As maukit as *There is nae a particular sayin here, sae be creative. Whit aboot as maukit as an auld yowe? They can get gey maggotty.*
As braw as … *There is nae a particular sayin here either. Whit aboot* as braw as the bride's mither? *They aye get dressed in their braws for the occasion.*
As het as fire.
As hungry as a hunter
As silent as the grave
As blind as backie (bawkie, bat)
As daurk as nicht
As happy as a sandboy, as happy as Larry. *Thir are the twa that are common, but naebody kens whaur they come fae or why Larry shuid be happier than onybodie else. We need a new ane.*
As saft as putty, as saft as butter
Similes are braw opportunities for bein original and creative in yer ain scrievin, jist sae lang as the simile pits a vivid picter in yer reader's heid.

Exercise 11

Jock's brithers wis **fair** (*degree*) jealous o him. The king saw seeven siller deuks dookin **happily** on the loch.
Treacherously, the twa brithers said that Jock wad **suin** get the deuks for the king. They kent it micht be a **gey** (*degree*) wanchancy adventure. The king **immediately** sent for Jock.

He said he wad **certainly** get the deuks for the king, if the
king gied him a sack o corn. Then Jock paiddled **carefully**
ower the loch in his wash tub and **cunninly** laid a trail o corn
for the deuks tae lead them intae his wash tub. Then he
paiddled **swiftly back** ower the loch. Whan he was **hauf wey
ower, up** popped a trow and the trow said **threateninly,**
'Thae deuks is ma deuks. Will Ah see ye **again?'** and Jock
replied, 'Ye micht, or ye micht no.' He went **blithely** on his
wey and gied the siller deuks tae the king. The king wis **fair**
(*degree*) pleased.

Exercise 12
The text was very hard tae read.
Text *here is a noun. It is the subject o the sentence.* The *can
gang afore a noun.*
Send me a text.
Text *here is a noun. It is the object o the sentence.* A *can
gang afore a noun.*
Ye aye text me whan ye are on the bus.
Text *here is a verb. It is praisent tense.* Ye *is its subject and*
me *is its object.*

He's chawed his nails doon tae the quick.
Quick *here maun be a noun.* The *can gang afore a noun.*
Did ye hae a quick luik at the answers?
Quick *maun be an adjective in this sentence. It is describin
the noun* luik.
Gin ye dinna rin quick, ye'll be left ahint.
Here quick *maun be an adverb. It is describin the verb* rin.

Gie yer denner a wee warm in the microwave.
It is a noun. Warm *is described by the adjective* wee.
Adjectives describe nouns.
The fire will warm ye.
Warm *here is a verb because comes efter the modal
auxilliary verb* will *and taks the object* ye.

Pit on yer warm bunnet.

Warm *is an adjective because it is describing the noun* bunnet.

Ye can see that, even if ye dinna ken richt awa whit pairt o speech ye are luikin at, ye can pick up wee clues.

Exercise 13

The puddock in the bucket wisna happy. In the bucket *tells ye whaur the* puddock *(noun) wis.*

It lowpit **intae** the burn. Intae the burn *tells yer whaur it* lowpit *(verb)*.

It swam **unner** the watter. Unner the watter *tells ye whaur it* swam *(verb)*.

The heron **wi** the lang beak wis hidin **in** the seggs. Wi the lang beak *describes the* heron *(noun)*. In the seggs *tells ye whaur it wis* hidin (verb).

Exercise 14

She (he) haed them.

She feeds him.

We like tae visit her.

They danced it.

They arrestit him.

Exercise 15

That's no a surprise tae him and me. (*tae me*)

Can Teenie an A gae bungee-lowpin? (*A can*)

The teacher aye praises me for guid grammar. (*easy ane!*)

Ma mither aye blames him an me gin the cat gets oot.
(*blames me*)

Ma auntie an she went aff tae the Bahamas. (*she went*)

A asked ma teacher if ma faither an she could gang through this wi him an me. (*wi me*)

Exercise 16

Jamie annoyed the coo that (which, whilk) chased a fairmer.

The fairmer that (wha, wham) the coo haed chased chased Jamie.

Jamie fund a deid squirrel, which (whilk) he tuik hame tae his cat.

Jamie wis taen aback by the reaction o the cat, which didna speak tae him for a week.

Ye cuid yaise *wha* here if ye like cats. *Wha* is maistly kept for people but a lot o folk yaise it speakin aboot their pets.

Jamie sprayed the cat tae kill the fleas that (which, whilk) it got fae the squirrel.

Jamie buried the squirrel, which (whilk) haed begun tae smell, in the gairden.

Jamie haed a dug which (whilk, wha, that) liked diggin.

Discussion o the challenge.
Ye can leave the relative pronoun oot o
The fairmer that (wha, wham) the coo haed chased chased Jamie.

Jamie sprayed the cat tae kill the fleas it got fae the squirrel.

Ye cannae dae it wi ony o the ithers. In baith o thir sentences, the relative pronoun wis replacin the object o the saicont sentence. Ye cannae miss oot the relative pronoun gin it is replacin the subject o the saicont sentence. Ye yaised tae be able tae dae it centuries syne, but no noo.

That gets us hauf wey tae the answer. In Jamie fund a deid squirrel, which (whilk) he tuik hame tae his cat, *the* which (whilk) is *replacin the object* (He tuik the squirrel hame), *but ye wadnae tak it oot. Wad ye yaise* that *in this sentence? Some Scots speakers wad and some wadnae. Ye shuidnae yaise* that *in this sentence in Inglis. The difference atween*
The fairmer that (wha, wham) the coo haed chased chased Jamie.
and
Jamie fund a deid squirrel, which (whilk) he tuik hame tae his cat.

is that in the first sentence that the coo haed chased *answers
the question* Whit fairmer?
The ane that the coo chased.
In the saicont sentence, we are no askin Whit deid squirrel?
*We are jist gettin a bit o extra information aboot whit he did
wi it.*

Sae we need tae mak oor rule a bit mair complicatit:
*Ye can miss the relative pronoun oot gin it is replacin an
object and whit comes efter answers the question "Whit
ane?"*

*Ye'll see that sometimes there are commas and sometimes
there are nane. There are nae commas if ye are answerin the
question "Whit ane?" There are mair examples o this in the
section on punctuation on p.82.*

*That isnae easy. Dinnae fash if the penny disnae drap richt
awa. Grammar can fair mak ye think. Maist o the time, ye
yaise guid Scots grammar whan ye are speakin athoot even
thinkin aboot it. Maybe ye are clivverer than ye thocht ye
were!*

Exercise 17
fish + soggy chips
stinkie cheese + breid *(A howp it wisna stinkie breid!)*
a wee bit o breid an butter + nae cheese.
The wee dug lauched + the coo jumped ower the muin.
black + white *Baith wirds equally describe* strippit. *The
stripes are black and white.*
We sell black an white puddin suppers. *These are not strippit
puddins. Ye can hae a black puddin or a white puddin. Whit
we hae here is* black (-puddins) + white puddins.

Exercise 18
Ye'll dae yer hamewark (*main clause*) afore ye get yer tea
(*subordinate clause*). *Conjunction*: afore.

She'll no come (*main clause*) unless she gets aff wark early.
Conjunction: unless.
While the kettle wis bilin (*subordinate clause*), he set the
table (*main clause*). *Conjunction*: while.
If the cat comes hame (*subordinate clause*) it can hae fish for
its denner (*main clause*). *Conjunction*: if.
The cat comes hame (*main clause*) if it thinks it's gettin fish.
Conjunction: if.

Exercise 19

afore, acause, aince, efter, gin, till, whan, whaur, whether.

Bide there till he bus comes.
Whan the bus comes, get on.
Mak shair ye hae the richt money acause they dinnae gie ye
chynge on the bus.
Ask the driver whaur ye need tae get aff.
Text me aince ye are on the bus.
Gin the bus disnae come, phone yer mum.
Let me know whether ye are comin for yer tea.
Ye eat yer sweeties efter ye eat yer denner.

Exercise 20

He ate his haggis.
Ye micht hae answered He did eat his haggis *but this wad be
emphatic and micht imply that ye were contradictin someone.*
He ate sweeties.
She cuid score a goal.
They'll be comin back.
That's fair.
That is fair.

They'll no (nae) eat their carrots. *or* They winnae (winna)
eat their carrots.
I didnae (didna) pit the cat oot earlier the day. *or* I never pit
the cat oot earlier the day.

We haednae (haedna) burnt wir sausages.
We cuidnae (cuidna) gang tae a ceilidh.
Ye cannae (canna) shove yer ither granny aff the bus.

Exercise 21
The ravenous lion ate the vegetarian sausage roll.

The ravenous lion *is a noun phrase. It is the subject o the
sentence. Ye cuid replace it wi a pronoun. It gies ye the short
answer tae a question*: Wha ate it? The ravenous lion. *This
ticks aw the boxes for bein a phrase in this sentence.*

Ravenous *is an adjective phrase. It describes* lion. *It gies ye
the short answer tae a question*: Whit kind o lion? Ravenous.
Lion ate the *is jist a jummle o wirds. It disnae hing thegither.
It disnae answer ony question. It disnae dae ony o the things
that grammatical units within a sentence are meant tae dae.*

Vegetarian sausage *micht be a phrase in a different sentence
like* Vegetarian sausage maks a tasty stuffin. *In this sentence
it isnae a phrase because, if we tak the three wirds*,
vegetarian sausage roll, *we wad pit* sausage roll *thegither tae
mak a compound noun afore addin the adjective.* Whit kind
o sausage roll? A vegetarian ane.

Ate the vegetarian *micht be a phrase gin the lion haed eaten
a person wha wis a vegetarian, but that's no the case. The
lion ate a sausage roll which wis a vegetarian sausage roll.*

Ate the vegetarian sausage roll *is a verb phrase, includin the
object noun phrase. Ye cuid replace it and say* The lion did
sae. *It gies ye a short answer tae a question*: Whit did the
lion dae? Ate the vegetarian sausage roll. *It daes awthing a
phrase shuid dae.*

Exercise 22
Ye send *feels incomplete, daes it no? Ye send something*

(*direct object*) *tae somebody or some place* (*indirect object*).
Sae ye micht hae answered
I sent X tae Y. (*e.g.* I sent flooers tae ma auntie.)
Alternatively, ye micht hae pit the indirect object afore the direct object.
I sent Y X. (*e.g.* I sent ma auntie flooers.)
Ye cuid jist aboot get awa wi leavin oot the indirect object but in a sentence like I sent flooers, *ye hae the feelin that we aw maun ken wha ye sent them tae.*

We expect. *This is incomplete tae. We want tae ken whit we expect. It needs an object tae feenish it aff.*
We expect X. (*e.g.* We expect rain. We expect a visit fae the inspector.)

They feel. *This is anither incomplete ane. We micht ask* Whit dae they feel? *or we micht ask* Hoo dae they feel?
If ye feenished this wi an object, ye wadna be wrang. Ye micht say
They feel a sensation o pain. *Ye can turn that roond an say* A sensation o pain wis felt. *That is a wey o checkin that ye yae an object.*
Compare that wi
They feel fools. *In this case, the noun phrase* fools *isnae an object. Ye cannae turn it roon athoot chyngin the meanin awthegither. It means* They feel like fools. *Here we hae a prepositional phrase tae feenish it aff. Anither wey tae feenish it wad be wi an adjective.* They feel foolish.

The sun shines. *Ye can jist pit a fu stap there and ye hae a complete sentence. Shines disnae need onything mair.*

The postie delivered. *Again this is incomplete. Ye need tae ken whit thing he delivered. Ye need a noun phrase tae be the object.*

The scout hiked. *This is complete. It is fine as it stands, although ye could say* The scout hiked the West Highland way. *That wad be richt tae.*

The teacher telt. *Maist like ye wad want tae ken whit the teacher telt and wha. This is anither ane whaur ye wad want a direct and an indirect object tae gie sentences like*
The teacher telt a lee tae the jannie.
or
The teacher telt us a story.
There is a situation whaur telt *micht be fine on its ain. That wad be if* telt *was yaised in the same sense as* clyped: We thocht we wad get awa wi eatin mither's sweeties, but ma wee sister telt.
Thir examples shaw that ye need tae think aboot verbs. Gin this exercise wis a bit difficult, dinnae fash. It was intentit tae get ye thinkin aboot the context o sentences at the same time as thinkin aboot the wey the bits o the sentence relate tae each ither afore we gang on.

Exercise 23
The butter meltit. *Intransitive. Nae object.*
The fire meltit the plastic. *Transitive. Object*: the plastic.
The doo flew. *Intransitive. Nae object.*
I flew a plane. *Transitive. Object*: a plane.
The three-leggit coo cowpit ower. *Intransitive. Nae object.*
The coo cowpit the bucket o milk ower. *Transitive. Object*: the bucket o milk.

Exercise 24
A walk here ilka day. Walk *is an intransitive verb.* Here (*adverb*) *and* ilka day (*noun phrase*) *are baith adverbials.*
A walk ma dug here every day. Ma dug *is walked. Ma dug maun be an object.* Ilka day *is an adverbial.*
A train aardvarks. Aarvarks *are trained. Object.*
A train roon the runnin track. *Intransitive verb.* Roon the

runnin track *is a prepositional phrase actin as an adverbial tae tell ye whaur.*

The lassie sewed and the laddie knitted. *Baith intransitive verbs.*

The laddie knitted a semmit. *Transitive.*

The laddie knitted a lang while. *Intransitive verb wi a noun phrase adverbial.*

The laddie knitted his sister a pair o socks. His sister *is an indirect object.* A pair o socks is *the direct object. Ye can see that baith pairts are necessary here. It wadnae dae tae pit a fu stap efter sister*!

She milked the coo wi the crumpelt horn. *A kittle ane here!* The coo wi the crumpelt horn *is aw ae big noun phrase. The prepositional phrase is describin* coo. *That hale big noun phrase is the object.*

She milked the coo wi the milkin machine. *Here,* wi the milkin machine *disnae tell ye aboot the coo. It tells ye whit she yaised tae milk the coo. Sae it is an adverbial.* The coo *is the object.* The coo wis milked.

Exercise 25

He said, 'The broon coo's broken oot an eaten aw the neeps'.

She speirt, 'Wis the gate richt fastened?'

He telt her, 'A hae chackit it this morning'.

She said, 'Nae wey! Ye did nae sic thing! Ye've been watchin TV aw mornin'.

He asked whit was the matter with her.

She replied that naething was the maitter wi her but informed him that she wis tryin tae attract his attention tae tell him his hubcap was shooglin.

He thanked her.

Exercise 26

I sellt the table wi the steel legs tae the wifie.

It is the table that haes steel legs, no the wifie.

I've no heard fae you aboot the benefits A am due. I hae sax weans. Can ye tell me why this is?
This wants tae refer tae the neist possible thing. Here, it wants tae refer tae I hae sax weans. Shairly he kens why that is! Gin ye turn it roon it maks mair sense:
I hae sax weans. I've no heard fae you aboot the benefits A am due. Can ye tell me why this is?
It wad be mair effective still tae shaw whit wey the first twa sentences relate tae ane anither:
Although I hae sax weans, I've no heard fae you aboot the benefits A am due. Can ye tell me why this is?

His hair badly needs cut. *In this sentence we need tae mak it clear that* badly *gaes wi* needs *and no wi* cut. *Anither thing is gaein on here. In Scots we can yaise a past participle efter verbs like* wants *and* needs *(see p.70).*

Hoosehaulders in the affectit area maun bile their watter until Christmas. *Whan this wis broadcast on the radio ae November, folk textit in tae say 'It will aw hae biled awa by then' and 'They can pit the brussel sproots on noo'. Until* Chrismas *wants tae gang wi the nearest thing:* bile their watter. *Sae we hae this picter o watter bein biled non-stap. Aw we need tae dae is pit the adverbial at the stert:*
Until Christmas, hoosehaulders in the affectit area maun bile their watter.

Exercise 27
The bicycles which were biggit on Friday fell apairt *answers the question* Whit bicycles? *Jist the anes that were biggit on Friday. The ithers wis jist fine.*
The bicycles, which were biggit on Friday, fell apairt. *Aw the bicyles fell apairt. They were biggit on Friday, by the way.*
Bairns wha brak windaes will be punished. *Maist bairns*

*neednae worry. It is jist the anes that brak windaes that need
tae be feart.*

Bairns, wha brak windaes, will be punished. *Aw bairns will
be punished. It is in the natur o weans tae brak windaes.*

Exercise 28

The auld, Spanish gowd-dealer bocht the tassie.
*This wad mean an auld person fae Spain wha deals in gowd
bocht the tassie.*

The auld, Spanish-gowd dealer bocht the tassie.
*This wad mean that an auld person wha deals in Spanish
gowd bocht the tassie.*

The auld Spanish gowd dealer bocht the tassie *wad mean a
person wha deals in auld Spanish gowd bocht the tassie. Ye
see the wey that ye can yaise hyphens tae help yer reader?*

Let's pit oor weary, sair backs tae the wa; oor reid, drippin
nebs tae the grindstane and oor shooders tae the wheel.
or
Let's pit oor weary, sair backs tae the wa; oor reid, drippin
nebs tae the grindstane; and oor shooders tae the wheel.
*That semicolon afore the 'and' makes nae difference tae the
sense.*

'The ghaist cried "Murder! Murder!" and rattelt his chains',
stammert the feart guest, rushin oot o the blae chaumer in
his nichtgoon.
*Ye need tae mak a decision aboot whether tae pit a comma
after* chaumer. *The argument for pittin ane there is that the
chaumer isnae in his nichtgoon, but we can wark that oot for
wirsels. The argument for nae pittin ane there is that* in his
nichtgoon *describes the hale o rushin oot the blae chaumer.*

We tie Meg's reid ribbons tae the mears' tails because they
kick ither horses that get ower close when we are oot for a
ride.

We hae jist the ae Meg but mair nor ae mear. Only the possessives get apostrophes, nae ither plurals.

The ladies' spuins were in the men's custard.
Ladies' and men's are baith plural possessive.

The lady's knife wis in the waiter's kist.
In this case, the lady micht hae committed murder and the waiter is stabbed.
There is anither possibility – that the knife is in the waiter's storage box. Gin we are thinkin o storage boxes raither nor anatomical torsos, there is anither possibility:
The lady's knife wis in the waiters' kist. *This wad mean that the waiters share a box.*

The commas which caused the confusion were in the wrang place.
This means that there were ither commas that didnae cause confusion.
The commas, which caused the confusion, were in the wrang place.
This means that aw the commas were in the wrang place.
Nae wonder there was confusion!

The vocabulary which wis rich and varied made his wark a pleisure tae read.
There micht hae been ither vocabulary that wis dull and dreich.
The vocabulary, which wis rich and varied. made his wark a pleisure tae read.
Aw his vocabulary wis rich and varied.

We speirt at the chicken why it crossed the road.

'Did you hae a guid reason', we asked.

The chookie replied that hens an hedgehogs dinnae like human jokes aboot crossin gaits and said that we haed an 'eggsaggerated' view o wir ain importance.

*Altho this is reportit speech, ae wird is staunds oot as a thing
we wadnae say and we want tae merk it a direct quotation
fae the hen.*

Exercise 29

hoarse + -ness, black + -ness, happy + -ness, short + -ness,
cold +-ness

*Note that wi happiness we mak chynge in the spelling but
that disnae affect the wey we pronoonce it. -ness maks an
adjective intae a noun.*

leg + -less, clue + -less, help + -less, hope + -less

-less turns a noun intae an adjective.

hero + -ic, histor- + -ic, icon + -ic, idiot + -ic

*We need tae tak the -y aff history and this time it daes affect
the pronoonciation. -ic turns a noun intae an adjective.*

read + -able, drink + -able, like + -able, debate + -able

*-able turns a verb intae an adjective. Ye can read something
that is readable and drink something that is drinkable but
whit aboot* comfortable? *Whit daes it mean if ye are*
answerable *for yer actions?*

quick + -ly, bricht + -ly, gleg + -ly, clean + -ly, blithe + -ly

-ly turns an adjective intae an adverb.

frein + -ly, kind +- ly, heiven + -ly,

-ly turns a noun intae an adjective.

The lest twa wee leets in that challenge micht hae trippit ye
up. Maist o the time, *-ly* maks an adverb, but jist noo and
again we find it on an adjective. Luikin at suffixes maks ye
think aboot wirds an meanins.

Exercise 30

STOOR *(noun, root)* + SOOK *(verb, root)* + -ER *(a suffix
that turns a verb intae a noun)*

SOOKER *is whit is kent as an agent noun, someone or
something that sooks (compare* swimmer, driver, walker).
This is a device that sooks stoor, a vacuum cleaner.

CURL (noun, root) + -IE (*here it is a suffix that turns a noun intae an adjective*)

+ HEID (*noun, root*) + -IT (*here it is a suffix that turns a noun intae an adjective*).

Baith o thir suffixes hae mair than jist this yiss. Aften -IE is a diminutive sufix added tae a noun, which bides as a noun. -IT is aften yaised on a verb as a past participle but no in this case. Ithers like this are richt-handit, ae-leggit, short-sichtit. *Dae ye see that they are diffent fae* roastit, weel-skelpit, ower-heatit?

UN- (*prefix meaning* not-) + MENSE (*noun, root*) + -FU (*suffix turning a noun intae an adjective*).

In whit order dae ye add thae affixes? MENSE, *meaning dignity or good manners, is yer root noun. Can you think o mony nouns stertin wi* UN-. *Can ye think o mony adjectives stertin wi* UN-? UN- *is added tae adjectives sae we mak* MENSEFU *afore we mak it negative.*

PEE (*verb, root*) + THE (*definite airticle, root*) + BED (*noun, root*)

Here we hae a verb and its object noun phrase. It means a dandelion.

Glossary o Grammatical Terms

abstract noun a noun sic as *idea, arithmetic, sympathy* that disnae refer tae a physical entity (as opposed tae a **concrete noun**) (p.11)

active (of **voice**) yaised o the verb in a sentence in which the subject is the agent wha daes the verb and, gin there is an object, the object is in the role o patient which haes the verb done till it (p.28) (see also **passive**)

adjective a wird describin a noun (p.30)

adjective phrase a phrase consistin o an adjective its lane or alang wi an adverb phrase containin a degree adverb (p.64)

adverb a wird that describes a **verb phrase**; a wird that pits a hale sentence intae context (p.36) (see also **degree adverb**)

adverb phrase a phrase consistin o an adverb its lane or alang wi an adverb phrase containin a degree adverb (p.64)

adverbial an adverb phrase, a noun phrase or a propositional phrase that describes a **verb phrase** or pits a hale sentence intae context. (p.71)

affix a pairt o a wird that cannae stand alane but cairries meanin and is added afore or ahint a **root** tae big a new wird or tae indicate a grammatical function (p.90) (see also **prefix** and **suffix**)

aspect the property o a verb that tells ye aboot the duration or completion o its action (p.24) (see **simple aspect**, **progressive aspect** and **perfect aspect**)

auxilliary verb an additional verb placed afore the main verb (p.19) (see also **modal auxilliary**)

collective noun a noun sic as *comatee, staff, airmy* that refers tae a a group (p.18)

comparative yaised o the form o an adjective or adverb that suggests *mair, tae a greater degree* (compare **positive** and **superlative**) (p.30)

complement a segment necessary tae the completion o a phrase; in this buik it is yaised in the discussion o the **verb phrase** (p.70)

complex sentence a sentence consistin o a **main clause** and ane or mair **subordinate clauses** (p.73)

compound sentence a sentence consistin o twa or mair main clauses (p.73) (see also **co-ordinatin conjunction**)

compound wird a wird made up o twa or mair **roots** (p.89)

compound-complex sentence a sentence consistin o twa or mair main clauses and at least ae subordinate clause (p.73)

concrete noun a noun sic as *buik, wife, carpark* that refers tae a physical entity (as opposed tae an **abstract noun**) (p.11)

conjunction a jynin wird (p.50) (see **co-ordinatin conjunction** and **subordinatin conjunction**)

continuous aspect see **progressive aspect**

coont noun a noun sic as *buik, idea, comatee* that can be seen as invidual entites that can be coontit (as opposed tae a **mass noun**) (p.16)

co-ordinating conjunction a wird that links twa wirds, phrases or sentences o equal grammatical wecht (p.50)

definite airticle a **determiner** yaised wi a specified, identifiable noun (*the*) (p.54)

degree adverb an **adverb** preceding an **adjective** or anither adverb indicatin its intensity or extent (p.37)

demonstrative determiner a determiner indicatin the position o a noun in terms o closeness tae the speaker

demonstrative pronoun a **pronoun** indicatin the position o an entity in terms o closeness tae the speaker (p.46)

determiner a word introducin a noun phrase, tellin ye aboot the definiteness, position, number etc. of the noun; it is obligatory whan the noun is a single coont noun (p.54)

finite (o verbs) haein nummer, person an tense (p.19)

first person (o personal pronouns and verbs) in the singular, referrin tae the speaker; in the plural referring tae the speakers or tae the speaker an the addressee(s) (p.19)

heidword (in a phrase) the wird that controls aw the ither wirds in a phrase; the ither wirds in the phrase describe it or complete it in some wey (p.61)

infinitive the basic form o a verb that disnae hae person or tense (p.24)

main verb a verb that cairries the main meanin o the action (as opposed tae an **auxilliary verb**) (p.19)

mass noun a noun that disnae need a determiner and which is measured in quantity raither nor nummer (as opposed tae a **coont noun**) (p.16)

modal verb a cless o **auxilliary verbs** that tells ye aboot the speaker's attitude (*can, micht, shuid* etc) (p.26)

non-finite (o verbs) independent o **nummer, person** or **tense** (**infinitive, praisent participle, past participle, verbal noun**)

noun a word cless wi a namin function; nouns are the heidwirds in noun phrases which can act as subjects or objects (p.11)

noun phrase a phrase consistin o a noun its lane or wi a determiner, ane or mair adjective phrases and/or ane or mair prepositional phrases, capable o actin as a subject or object or as the complement o a prepositional phrase (p.oo); a noun phrase can possess something (p.oo)

nummer (o **nouns**, **verbs** and **pronouns**) the state o bein **singular** or **plural**

object a noun phrase that completes the verb phrase and can be yaised as the subject tae mak a **passive** sentence

past participle the pairt o a verb yaised efter HAE tae form the **perfect aspect**. This buik maks nae distinction atween the past participle an the passive participle, yaised tae form the **passive voice**, as they are baith identical in form. Wi the passive sense, it can be yaised as an **adjective.**

participle a non-finite pairt o a verb (see **praisent participle** and **past participle**)

passive (o **voice**) yaised o the verb in a sentence whaur the subject wad be the object in an **active** sentence; formed yaissin the **auxilliary verb** BE follaed by a **past participle** (p.28)

past tense the **finite** verb form which refers tae an action afore the time o speakin

perfect aspect (o a verb) referrin tae a past action that haes relevence tae the time o speakin; formed wi the **auxilliary verb** HAE + the **past participle** (p.24)

person a grammatical form associated wi personal pronouns and verbs (see **first person, saicont person, third person**)

personal pronoun a single wird wi the sense o first, saicont or third person, that can take the place o a noun phrase (p.43)

phrase ane or mair wirds, in a fixed order, that perform specific grammatical functions in a sentence (p.61)

positive yaised o the basic form o an adjective or adverb (p.30)

plural referrin tae mair nor ane

possessive a form that indicates possession (p.14)

praisent participle a **non-finite** pairt o the verb yaised wi the **auxilliary verb** BE tae from the **progressive aspect**; it can be yaised as an **adjective**

praisent tense the **finite** verb form which refers tae an action at time o speakin or in the future (p.19)

prefix pairt o a wird that cannae stand alane but cairries meanin and is added afore a **root** tae big a new wird (p.90) (see also **affix** and **suffix**)

preposition a word that aye comes afore a noun phrase or a pronoun tae express a relation atween that and anither wird (p.40)

prepositional phrase a preposition and the noun phrase or pronoun that maun necessarily come efter it (p.64)

progressive aspect (o a verb) referrin tae an action spread ower time or nae feenished, formed wi the auxilliary verb BE an the **praisent participle** (p.24)

pronoun a single wird that can tak the place o a noun phrase (p.42)

proper noun a noun by which a unique person, place etc is kent (p.18)

reflexive pronouns pronouns yaised tae replace the object noun phrase whaur the object is the same person, animal or thing as the subject (p.48)

relative clause see **relative pronoun**

relative pronoun a word, referring back tae a noun phrase awreddies in the sentence, yaised tae introduce a type o subordinate clause kent as a relative clause (*wha, which, whilk, whase, wham, that*) (p.46)

root a pairt o a wird that cairries meanin and tae which prefixes and suffixes can be eikit on (p.89)

saicont person (o **personal pronouns** and **verbs**) referrin tae the addressee(s)

simple aspect the aspect o a verb formed athoot HAE or BE, contrastin wi the **perfect aspect** and the **progressive aspect** (p.24)

singular referrin tae ane entity alane

strang (o verbs) formin the **past tense** and **past participle** by a chynge o vowel raither than by addin *–it* or *–ed* (p.24)

subject the noun phrase which dictates the **nummer** and **person** o the verb and which daes the action o the verb; the noun phrase that the sentence is aboot

subordinating conjunction a wird that jynes twa **clauses** in sic a wey that ane (the **subordinate clause**) tells ye mair aboot the ither clause (the main clause)

subordinate clause see **subordinating conjunction**

suffix pairt o a wird that cannae stand alane but cairries meanin and is added efter a **root** tae big a new wird (p.90) or tae cairry grammatical information sic as nummer, possession or tense (see also **affix** and **prefix**)

superlative yaised o the form o an adjective or adverb that suggests *maist, tae the greatest degree* (compare **positive** and **comparative**) (p.30)

tense a chynge in the form o a verb tae indicate if the action tuik place in the past or no

third person (o **personal pronouns** and **verbs**) referrin tae persons or things ither than the speaker or the addressee

verb a cless o wirds associated wi o **tense, aspect,** and **voice,** maistly yaised tae express action (see **finite, non-finite**)

verbal noun a pairt o a verb formed by addin *–in* tae the infinitive and yaised as a noun; unlike an ordinary noun, it is able tae tak objects and/or a complement (e.g. *Sendin him a receipt will be nae bather ava.*) (p.19)

verb phrase in this buik it is yaised tae mean the main verb, the auxilliary verb(s) and the main verb thegither wi ony object(s) or complement necessary tae gie the richt sense o the verb (p.63)

voice (o verbs) the property o bein **active** or **passive** (p.28)

waek (o verbs) formin the past tense and past participle by addin *–it, -ed* (p.24)

Mair Readin

Understanding Grammar in Scotland Today. Christian Kay
and John Corbett (2009), Association for Scottish Literary
Studies, Glasgow.

*Ulster Scots: A grammar of the traditional spoken and
written language.* Philip Robinson (1997), Ullans Press.

DICTIONARIES
Essential Scots Dictionary. Iseabail Macleod, Pauline Cairns
(eds) (2006), Edinburgh University Press, Edinburgh.
Concise Scots Dictionary. Mairi Robinson et al (eds) (1999),
Edinburgh University Press, Edinburgh.

WABSTEIDS:
Language into Languages Teaching
http://www.arts.gla.ac.uk/stella/LILT/frameset.htm

Scuilwab http://www.scuilwab.org.uk/

Studying Scotland
http://www.educationscotland.gov.uk/knowledgeoflanguage/

Luath Scots Language Learner

L Colin Wilson
ISBN 978-1-906307-43-1 PBK £16.99
ISBN 978-1-842820-26-1 CD £16.99

The first-ever Scots language course.

Suitable as an introductory course or for those interested in re-acquainting themselves with the language of childhood and grandparents.

Starting from the most basic vocabulary and constructions, the reader is guided step-by-step through Scots vocabulary and the subtleties of grammar and idiom that distinguish Scots from English. An accompanying audio recording (available separately) conveys the authentic pronunciation, especially important to readers from outside Scotland.

This is a fun and interesting insight into Scottish culture. By the end of the course participants will be able to read books and poems in Scots, take part in conversation, and enjoy interacting with Scots speakers.

This gies us whit dictionars niver will gie, a taste o the richt idiom o the thing.

John Law, SCOTS LANGUAGE RESOURCE CENTRE

Scotspeak: A guide to the pronunciation of modern urban Scots

Christine Robinson and Carol Ann Crawford
ISBN 978-1-906307-30-1 PBK £12.99

This invaluable addition to the study of urban Scots dialects opens up the field of linguistics to the general reader.

Combining the expertise of linguist Christine Robinson and voice coach Carol Ann Crawford, this comprehensive and accessible guide to pronouncing urban Scots will dispel any narrow preconceptions of what a 'Scots' accent is.

Starting with a general overview, the authors then explore the specific sounds of Scots, looking at pronunciation in Aberdeen, Edinburgh, Glasgow and Dundee. These cities are connected by Scots, but all have distinct linguistic traits.

With particular attention to the pronunciation and sounds of modern urban Scots, and with accompanying downloadable recordings of native speakers, this guide is ideal for those studying for theatrical purposes who want to honour unique regional accents, for those studying language and linguistics, and for anyone interested in learning more about the way Scots is spoken today.

Other books in Scots or including extensive use thereof:

North End of Eden
Christine De Luca
ISBN 978 1906817 32 9 PBK £8.99

Parallel Worlds
Christine De Luca
ISBN 978 1905222 13 1 PBK £8.99
ISBN 978 1905222 38 4 CD £9.99

But n Ben A-Go-Go
Matthew Fitt
ISBN 978 1905222 04 9 PBK £7.99

Kate o Shanter's Tale and Other Poems
Matthew Fitt
ISBN 978 1842820 28 5 PBK £6.99
ISBN 978 1842820 43 8 CD £9.99

Shale Voices
Alistair Findlay
ISBN 978 1906307 11 0 PBK £10.99

Nort Atlantik Drift
Robert Alan Jamieson
ISBN 978 1906307 13 4 HBK £15

Scots Poems to be Read Aloud
Edited by Stuart McHardy
ISBN 978 0946487 81 3 PBK £5

Speakin o Dundee
Stuart McHardy
ISBN 978 1906817 25 1 PBK £8.99

Fundamentals of New Caledonia
David Nicol
ISBN 978 0946487 93 6 HBK £16.99

Burning Whins
Liz Niven
ISBN 978 1842820 74 2 PBK £8.99

The Shard Box
Liz Niven
ISBN 978 1906817 62 6 PBK £7.99

Stravaigin
Liz Niven
ISBN 978 1905222 70 4 PBK £7.99

Gangs o Dundee
Gary Robertson
ISBN 978 1906307 02 8 PBK £9.99

Pure Dundee
Gary Robertson
ISBN 978 1906307 15 8 PBK £7.99

Bard fae thi Buildin Site
Mark Thomson
ISBN 978 1906307 14 1 PBK £7.99

Thi 20:09
Mark Thomson
ISBN 978 1906817 75 6 PBK £6.99

Accents o the Mind
Rab Wilson
ISBN 978 1905222 32 2 PBK £8.99
ISBN 978 1905222 86 5 CD £9.99

Chuckies fir the Cairn
Edited by Rab Wilson
ISBN: 978 1906817 05 3 PBK £8.99

Life Sentence
Rab Wilson
ISBN 978 1906307 89 9 PBK £8.99

A Map for the Blind
Rab Wilson
ISBN 978 1906817 82 4 PBK £8.99

The Ruba'iyat of Omar Khayyam in Scots
Rab Wilson
ISBN 978 1842820 46 9 PBK £8.99
ISBN 978 1842820 70 4 CD £9.99

Luath Press Limited
committed to publishing well written books worth reading

LUATH PRESS takes its name from Robert Burns, whose little collie Luath (*Gael.*, swift or nimble) tripped up Jean Armour at a wedding and gave him the chance to speak to the woman who was to be his wife and the abiding love of his life. Burns called one of 'The Twa Dogs' Luath after Cuchullin's hunting dog in Ossian's *Fingal*. Luath Press was established in 1981 in the heart of Burns country, and is now based a few steps up the road from Burns' first lodgings on Edinburgh's Royal Mile.

Luath offers you distinctive writing with a hint of unexpected pleasures.

Most bookshops in the UK, the US, Canada, Australia, New Zealand and parts of Europe either carry our books in stock or can order them for you. To order direct from us, please send a £sterling cheque, postal order, international money order or your credit card details (number, address of cardholder and expiry date) to us at the address below. Please add post and packing as follows: UK – £1.00 per delivery address; overseas surface mail – £2.50 per delivery address; overseas air-mail – £3.50 for the first book to each delivery address, plus £1.00 for each additional book by airmail to the same address. If your order is a gift, we will happily enclose your card or message at no extra charge.

Luath Press Limited
543/2 Castlehill
The Royal Mile
Edinburgh EH1 2ND
Scotland
Telephone: 0131 225 4326 (24 hours)
Fax: 0131 225 4324
email: sales@luath.co.uk
Website: www.luath.co.uk